베이비부머,
네 겹의
시간을
걷다

베이비부머,
네 겹의
시간을
걷다

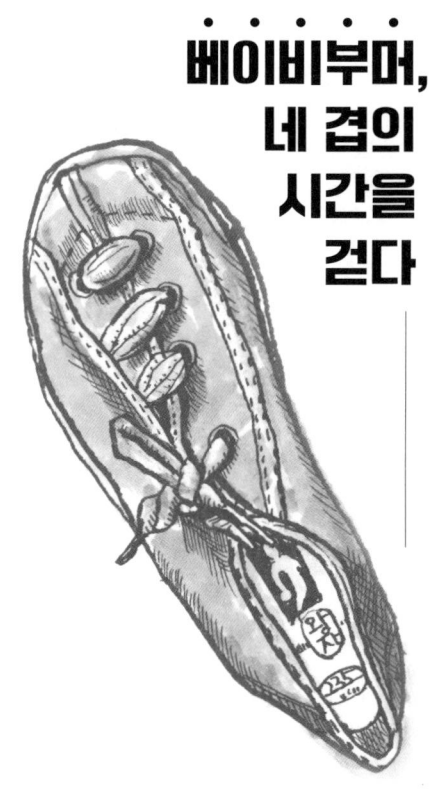

엄창호 지음

농경시대에서
AI시대까지,
그들이 살아낸
한국 사회

루아크

책머리에

네 겹의 시간을
살아낸다는 것

평범한 택시 운전사 김만섭 씨는 어느 날 우연히 외국인을 태우고 광주로 간다. 그가 태운 사람은 독일인 기자 피터였고, 그날이 바로 1980년 5월 18일이었다. 이 지극히 개인적이고 우연한 만남을 계기로, 그는 훗날 광주민주화운동이라 불리는 역사적 사건을 현장에서 목격하게 된다. 1200만 관객을 불러 모은 영화 〈택시 운전사〉 이야기다.

1973년 발표된 단편소설 〈삼포 가는 길〉에서 떠돌이 노동자 영달은 고향 삼포로 가는 정씨와 술집에서 도망친 작부 백화를 우연히 만나 동행한다. 세 사람은 함께 눈 내리는 길을 걸으며 서로에게 위로와 희망을 주고받는다. 우리는 이 지극히 개인적이고 우연한 사건을 통해 급격한 산업화에서 소외된 민초들의 뿌리 뽑힌 삶을 읽어낸다.

개인적 경험은 기본적으로 한 사람의 기억 상자 속에 머문다. 그러나 그것은 공동체 구성원의 공통 경험과 겹치면서 사회·역사적으로 중요한 의미를 지니는 특별한 경험이 된다. 그리하여 〈택시 운전사〉에서처럼 역사적으로 중요한 사건의 일부가 되기도 하고, 〈삼포 가는 길〉에서처럼 사회적으로 의미 있는 현상의 징후가 되기도 한다. 또는 훗날 공동체의 치부를 드러내는 전조가 될 수도 있고, 공동체의 영광을 알리는 전령이 될 때도 있다.

특히 한국 사회에서는 이런 현상이 더 두드러진다. 그리 넓지 않은 국토에 일찌감치 중앙집권제도가 자리 잡았고, 크고 작은 정변이 잦았기 때문이다. 같은 세대의 구성원들은 대체로 비슷한 제도와 정책, 사건의 영향을 함께 받았다.

나는 1차 베이비붐세대(1955~1963년생)의 끝자락에 태어나, 수많은 경험의 관문을 지나 어느덧 나이 예순을 넘겼다. 다른 베이비부머와 마찬가지로 내 삶의 여정에는 농경시대와 산업시대, 정보화시대 그리고 얼마 전부터 시작된 AI시대의 흔적이 함께 녹아 있다. 나의 정체성은 이 네 가지 이질적인 사회를 거치며 체험한 크고 작은 사건들 속에서 형성되었을 것이다.

그중에서도 나는 개인적 체험보다는 공동체 구성원들과 공유하는 경험, 곧 공통의 경험에 주목했다. 물론 그 경험들이 영화나 소설에서처럼 늘 극적이거나 감동적이지는 않다. 그러나 바로 그 공통의 경험이야말로 우리 공동체의 집단적 원체험原體驗으로서, 오늘의 우리를 이루는 중요한 바탕이라 생각한다.

이 책은 그런 공통의 경험을 되짚어보며, 그것이 시대의 흐름 속에서 어떻게 변모하거나 지속되었는지, 또 오늘날 어떤 의미를 지니게 되었는지를 탐색한 기록이다.

이 책은 근현대사의 그늘을 다루고 있다는 점에서 전작 《우리를 배반한 근대》와 궤를 같이한다. 전작에서 근대의 가치들이 다수의 염원과 달리 특정 세력의 이익에 복무해 온 과정을 짚었다면, 이번 책에서는 그 가치들이 나를 포함한 베이비붐세대의 삶 속에 어떻게 스며들어 오늘에 이르렀는지 살핀다. 근대는 축복이 아니라 재앙일지도 모른다는 의심이 전작을 쓰게 했다면, 이번에는 '시대와 한 개인의 삶은 어떻게 교차하는가'에 대한 의문이 나를 다시 글쓰기로 이끌었다.

우리 사회는 지금 인류 역사상 한 번도 경험하지 못한 거대한 변화를 맞이하고 있다. 그것은 다름 아닌 AI 혁명이다. 누구도 그 파급력을 정확히 예측할 수 없기에, 우리 사회는 그 변화에 대응하기 위한 힘겨운 채비를 서두르고 있다. 이런 시점에 근대나 과거의 경험을 논하는 일이 한가한 복고 취미로 비칠 수도 있다.

그러나 현실을 조금만 돌아보면, 전근대적 특권을 지키려는 수구 세력의 퇴행적 행태가 여전히 반복되고 있다. 한편에서는 전통사회의 낡은 유산이라며 외면했던 가치들이 오히려 미래의 새로운 규범으로 부상하고 있다. 이렇듯 겉으로는 전근대와 근대를 지나 탈근대가 도래한 듯하지만, 실제로는 여전히 전근대의 그늘이 사회 곳곳에 짙게 드리워 있다.

그렇기에 미래를 설계하기 위해서는 과거를 성찰해야 한다는 역설이 성립한다. 연어가 강을 거슬러 오르는 이유는 죽기 위해서가 아니라, 새로운 생명을 잉태하기 위해서다. 이 책에서 나는 연어의 심정으로 과거를 거슬러 올라, 그 속에서 오늘의 좌표와 미래를 향한 단서를 찾으려 했다.

몇 해 전 어느 진보 단체는 "역사는 더디다. 그러나 진보한다"라는 구호를 내걸었다. 그러나 나는 역사의 진보가 어쩌면 하나의 착시일 수도 있다고 생각한다. 진정한 '진보주의자'란 역사가 반드시 진보한다는 굳은 믿음에 매인 사람이 아니라, 역사가 진보하지 않을 수도 있다는 가능성을 받아들이는 유연한 사람이라고 믿는다. 전작에 이어 이번 책에서도 다시 확인하게 된 사실은, 역사는 도돌이표처럼 순환하며 반복되거나 아예 퇴보할 수도 있다는 점이다. 이는 진보 사관을 향해 조심스럽지만 분명하게 던지는 의문이기도 하다.

최고의 시간이었고, 최악의 시간이었다. 지혜의 시대였고, 어리석음의 시대였다. 믿음의 세기였고, 불신의 세기였다. 빛의 계절이었고, 어둠의 계절이었다. 희망의 봄이었고, 절망의 겨울이었다.

우리 앞에 모든 것이 있었고, 우리 앞에 아무것도 없었다. 우리 모두 천국으로 가고 있었고, 우리 모두 반대 방향으로 가고 있었다.

찰스 디킨스의 장편소설《두 도시 이야기》의 유명한 첫 문단이다. 이 소설은 1775년부터 1793년까지, 프랑스혁명 준비기부터 공포정치 시대에 이르는 약 15년간의 격동기를 배경으로 한다. 이 첫 문단은 혁명의 이상과 희망이 광기와 피로 얼룩진 공포와 절망으로 변모하는 그 시대의 모순을 시적 운율로 압축한 명문으로 평가받는다.

디킨스가 이 소설을 집필한 1859년은 빅토리아시대 영국이었다. 그는 18세기 프랑스혁명을 소재로 삼았지만, 실제로는 산업혁명으로 인한 부의 양극화와 빈곤 문제 등 19세기 영국 사회의 모순에 대한 경고를 담고자 했다.

그런데 이 글을 찬찬히 음미하다 보면, 특정 역사적 사건을 넘어서는 보편성을 발견하게 된다. 이 문장들은 인간이 만든 모든 사회와 문명에 내재된 본질적 모순을 관통한다. 진보와 퇴보, 희망과 절망, 지혜와 어리석음이 동시에 존재하는 것이 바로 인간 역사의 속성이다. 이 글이 160여 년이 지난 지금까지 명문으로 인정받는 것은 시대와 장소를 초월해 인간이면 누구나 겪는 삶의 모순과 불안정성을 건드리기 때문일 것이다.

그러니 나도 이제 이렇게 말할 수 있다. 내가 베이비붐세대의 일원으로 살아온 지난 육십여 년 역시 "최고의 시간이었고,

최악의 시간이었다. 지혜의 시대였고, 어리석음의 시대였다. (중략) 우리 모두 천국으로 가고 있었고, 우리 모두 반대 방향으로 가고 있었다"라고. 처음부터 의도하지는 않았으나, 이 책에도 디킨스가 포착한 그 역설이 옅게나마 깔려 있다.

이 책은 한 인터넷신문에 연재했던 "이야기가 있는 다큐 드로잉"을 토대로 완성되었다. 처음에는 근현대사를 상징하는 사진들을 펜 드로잉으로 옮겨 그리고, 그에 얽힌 이야기를 가볍게 풀어낼 생각이었다. 그러나 연재가 계속되면서 내 경험, 역사적 사실, 인문학적 해석이 어우러져 글의 깊이와 풍성함이 더해졌다.

그렇게 쌓인 28편의 연재 글에 다른 매체에 발표한 6편을 더해 한 권의 책으로 엮었다. 글 전체가 일관된 문제의식과 흐름을 유지할 수 있도록 발표 당시의 문장을 다듬고 내용을 보완했다. 34편의 글을 '장소' '개념' '사람' '사물'이라는 네 가지 범주로 분류했는데, 돌이켜보니 이 네 범주는 내가 세상을 마주한 네 개의 창이기도 했다.

이 책의 제목은 '베이비부머, 네 겹의 시간을 걷다'이다. '네 겹의 시간'은 이중의 의미를 담고 있다. 우선은 앞서 말한 '네 개의 창', 곧 장소·개념·사람·사물이라는 네 가지 범주를 뜻한다. 나를 포함한 베이비부머들은 이 네 개의 창을 통해 세상과 마주하며 육십여 년을 살아왔다. 더 깊게는 네 개의 시대, 곧 농경시대·산업시대·정보화시대·AI시대를 의미한다. 베이비부머들은 짧은 기간에 이 네 시대를 모두 경험하며 격동의 세월을 살아냈다. 이 제목을 통해 그 압축된 시간의 무게를 담고자 했다.

이 책이 베이비부머들에게는, 때로 남루했을지언정 더러 영광스럽기도 했던 그 세월을 버텨낸 데 대해 서로에게 위로가 되면 좋겠다. 자식뻘인 MZ세대에게는, 변하는 것들 속에서 변하지 않는 것과 변하지 않는 것들 속에서 변하는 것이 무엇인지를 생각하는 계기가 되기를 바란다. 그래서 우리 모두가 오늘의 조건과 내일의 과제를 알고 더 지혜롭게 살아가는 데 도움이 되기를 기대한다.

이 책이 세상에 나오기까지 네 분의 귀한 도움이 있었다. 〈ABC뉴스〉의 이재욱 대표는 좋은 글이 꾸준히 나올 수 있도록 푹신한 멍석을 깔아주었고, 오랜 벗인 강웅식 문학평론가는 전작에 이어 이번에도 따뜻한 격려와 날카로운 조언을 보내주었다. 아내 조진경은 모든 글을 세심하게 읽고 내가 놓친 부분을 꼼꼼하게 바로잡아 주었다. 또한 루아크 천경호 대표는 어려운 출판 환경 속에서도 흔쾌히 출간을 결정하고 이렇게 멋진 책으로 완성해 주었다. 이 네 분께 진심으로 감사드린다.

2025년 가을이 깊어지는 날
엄창호

차례

5 —— 책머리에

1장 일곱 살의 산책자, 근대를 만나다
— 장소의 기억록

19 —— 일곱 살의 산책자, 근대를 만나다.
28 —— 구멍가게라는 이름의 사회관계망 서비스
37 —— 응답하라, 전파사
44 —— 문제는 여전히 '지상의 방 한 칸'
49 —— 학교가 만든 성공신화의 그늘
58 —— 골목의 추억, "우리가 안 그랬다"와 "영구 없다."
66 —— 광장에서 지켜본 도돌이표 역사
72 —— 영세사람 이야기

2장 달콤쌉싸름한 특권의 맛
– 개념의 기억록

달콤쌉싸름한 특권의 맛 —— 85
'일할 능력'과 '일하지 않을 용기' —— 92
정적 말살의 기원, "아구창을 갈겨라." —— 103
'계몽' 뒤에 어른거리는 전체주의의 망령들 —— 112
나를 키운 건 팔 할이 브랜드 —— 119
GDP라는 숫자의 마법에서 풀려나기 —— 129
누구를 위한 시험이고, 무엇을 위한 경쟁이었나? —— 138
다시, 희미한 옛사랑의 그림자 —— 145
'웰빙'의 아이러니 —— 151
비혼非婚의 강을 건너며 —— 159

3장 '우리'와 '나'는 만날 수 있을까?
– 사람의 기억록

'우리'와 '나'는 만날 수 있을까? —— 173
땅 사면 배 아픈 이웃사촌, '기호네'의 추억 —— 183
'김민기'라는 매개항 —— 189
식모 그리고 두 개의 일그러진 욕망 —— 197

207 ── 네 겹의 시간, 〈TV는 사랑을 싣고〉
214 ── 송해, 최고가 아니었기에 최고가 된 사람
218 ── '승무'와 '농무'의 거리
223 ── 〈해뜰날〉은 유신정권의 선전가요였을까?
228 ── 닿지 못한 꿈, 베네통 광고 이야기
237 ── '뉴라이트'의 기원에 관한 아주 사적인 기억

4장 담배의 의미는 어디로 사라졌을까?
― 사물의 기억록

247 ── 담배의 의미는 어디로 사라졌을까?
253 ── 나의 헌책 처분기
261 ── 학위논문과 뒤틀린 욕망의 카르텔
267 ── 연탄, 내 몸으로 느낀 최초의 근대
272 ── 행복은 과연 자전거를 타고 올까?
277 ── 너희가 전화를 믿느냐?

284 ── 참고문헌

1장

일곱 살의 산책자, 근대를 만나다

장소의 기억록

일곱 살의 산책자, 근대를 만나다

    우리 가족이 산골 마을에서 이웃 소도시로 이사한 바로 다음 날이거나 다다음 날이었을 것이다. 가족이 이삿짐 정리에 분주한 틈을 타 일곱 살짜리 꼬맹이는 가출을 감행했다. 시간으로 따지면 오전 열 시 무렵부터 오후 두세 시까지 약 네댓 시간 동안의 일탈이었다. 아이를 잃어버렸다고 온 집안이 난리가 난 그 시간, 그 꼬맹이는 1920년대 모더니티의 수도 파리의 아케이드를 배회하던 발터 베냐민이거나, 1930년대 식민지 조선의 수도 경성의 종로통을 쏘다니던 소설가 구보仇甫가 되었다.

    집을 나와 찻길을 따라 처음 간 곳은 사람들이 몰려 있는 장터였다. 나중에 알게 된 일이지만 그곳은 그 도시에서 가장 큰 시장인 '중앙시장'이었는데, 가는 날이 장날이라더니 그날이 마침 장날이었다. 늘 보던 사람만 보았고, 늘 변화 없는 마을과

산과 논밭에 익숙해진 어린 내 눈에 그 광경은 너무나도 경이로웠다. 다양한 행색의 사람들과 점포나 좌판에 늘어놓은 물건들 모두가 시각적인 충격을 주었는데, 그중에서도 몇 가지 장면이 특히 내 눈길을 끌었다. 어떤 아저씨가 자신이 직접 잡아서 판다는 박제된 곰, 짚으로 엮어서 성처럼 쌓아놓은 계란 꾸러미들, 세상에 저런 색도 있구나 싶을 만큼 알록달록한 옷가지, 소달구지에 가득 실린 쌀가마니나 땔감들은 지금까지도 내 기억 상자 속에 선명히 남아 있다.

여러 종류의 탈것도 내 눈을 강렬하게 사로잡았다. 농촌에 살 때는 열흘에 한 번꼴로 나타나던 군용트럭도 넋을 놓고 바라봤는데, 사방에서 끊임없이 나타나는 버스나 트럭 그리고 택시나 각종 승용차 들은 얼마나 황홀했던지. 무엇보다 사람의 생물학적 조건을 뛰어넘는 그 속도에 매료되었다. 그래서 당시 그 도시에서 가장 번화했던 네거리 모퉁이에서 연신 고개를 좌우로 움직이며 그 차들을 행복하게 바라보았다. 네거리 한복판에서 그 차들을 통제하던 교통경찰도 특별한 구경거리였다. 그때 교통경찰은 나를 매혹한 차들을 향해 간단한 손짓만으로 이리 가라 저리 가라 방향을 지시하는 위대한 존재로 보였다.

지금 와서 생각해 보니, 장터에서 만난 사람과 물건 들에 대한 호기심이 전근대에 대한 미련이었다면, 시가지에서 만난 탈것들에 대한 몰입은 근대에 대한 동경이었다.

19세기 말 파리, 구경꾼의 탄생

이 시기에 등장한 새로운 문화는 새로운 군중을 창출했다. 이 군중 속 개인들은 선정적인 일상생활의 구경거리를 탐욕스럽게 소비하면서 일상생활이 구경거리로 변형되는 과정을 다 함께 즐겼다. 이로써 파리는 '19세기의 수도'라는 꼬리표를 얻었고, 이미 20세기를 예견하고 있었다. -《구경꾼의 탄생》중에서

'벨 에포크Belle Epoque'는 프랑스어로 '아름다운 시절' 또는 '좋은 시절'이라는 뜻으로, 1871년부터 1914년까지 약 40여 년간 이어진 유럽의 평화롭고 번영했던 시기를 일컫는다. 그 중심은 프랑스의 수도 파리였다. 벨 에포크의 초반에 해당하는 19세기 말의 파리는 그중에서도 특히 새롭고 다양한 구경거리와 구경꾼을 탄생시킨 시기로 평가된다.

《구경꾼의 탄생》의 안내에 따라 그때 그곳으로 가보자. 일간신문이나 관광 안내 책자 따위의 대중 출판, 대로大路 문화, 모르그(시체 공시소), 밀랍박물관, 파노라마와 디오라마 그리고 영화 등 이전에는 볼 수 없었던 구경거리들이 장관을 이루었다. 자본주의의 급격한 성장세에 맞춰 형성된 중산층은 구경꾼이 되어 그곳으로 몰려들었다. 구경꾼은 근대사회 대중문화의 원형질이었다.

당시 어느 구경꾼은 "엄청난 군중, 놀라운 숫자의 마차와

거리의 상인들이 서로 뒤섞인 채 이리저리 돌진하고 있다. 온갖 종류의 상품을 실은 말과, 구경하는 동시에 구경의 대상이 되기를 원하는 사람들을 위해 인도에 놓인 의자들, 프랑스와 이탈리아 가수들과 오케스트라가 있는 카페, 창백한 요리사, 식당 경영자, 꼭두각시, 서커스, 거인, 난쟁이, 맹수, 바다 괴물, 밀랍상, 자동 인형, 복화술사"라고 열거하며 폭포처럼 쏟아지던 구경거리들을 숨 가쁘게 기록했다.

> 국도는 직접 걸어가는가 아니면 비행기를 타고 그 위를 날아가는가에 따라 다른 위력을 보여준다. 텍스트 역시 그것을 읽는지 아니면 베껴 쓰는지에 따라 그 위력이 다르게 나타난다. 비행기를 타고 가는 사람은 자연 풍광 사이로 길이 어떻게 뚫려 있는지를 볼 뿐이다. 그의 길은 그 주변의 지형과 동일한 법칙에 따라 펼쳐진다. 길을 걸어가는 사람만이 그 길의 영향력을 경험한다.
> —《일방통행로》중에서

독일의 문예학자 발터 벤야민은 구경꾼 중에서 특별한 의미를 지닌 구경꾼을 찾아냈다. 바로 '산책자Faneur'(플라뇌르)였다. 산책자는 벤야민이 보들레르의 시에서 영감을 받아 심화시킨 개념이다. 그에게 산책자는 단순히 거리를 걷거나 구경하는 사람이 아니라, 도시의 군중 속에서 익명성을 유지한 채 주변을 관찰하고 사유하는 존재를 의미한다. 산책이라는 행위는 이로써 취미나 여가의 차원을 넘어 인문학적 사유의 한 형태로 격상되었다. 이런 그의 생각이 잘 담겨 있는 책이 1928년 발표된 《일방통행로》다.

도시의 산책자, 발터 베냐민과 박태원

책은 주유소, 비상구, 간판, 벽보, 플래카드, 광고판, 쇼윈도 등 파리의 크고 작은 랜드마크에서 따온 소제목 아래에 그와 관련되거나 거기서 연상된 짧은 생각들을 모아놓았다. 베냐민은 그 장소들을 실제로 산책하면서 그곳에서 떠오른 단상들을 기록했다. 얼핏 가벼운 수필집처럼 보이지만, 그 속에는 자본주의 문명, 기술의 발전, 소비사회 그리고 역사에 대한 비판적 성찰이 깊이 스며들어 있다.

그는 '몽타주' 방식으로 이런 단상들을 배치했다고 한다. '몽타주Montage'란 여러 개의 짧은 장면이나 이미지, 소리 등을 편집해 나열함으로써 새로운 의미나 감정을 만들어 내는 기법을 말한다. 이 책의 한국어판 해제에 따르면 "몽타주 방식은 전통적 의미의 총체성이 붕괴된 모더니티의 공간에서 파편화된 경험을 가지고 총체성을 구성하는 방법적 원리"라고 한다.

> 표 찍읍쇼-. 차장이 그의 앞으로 다가왔다. 구보는 단장(짧은 지팡이)을 왼팔에 걸고, 바지 주머니에 손을 넣었다. 그러나 그가 그 속에서 다섯 닢의 동전을 골라내었을 때, 차는 종묘 앞에 서

고, 그리고 차장은 제자리로 돌아갔다. 구보는 눈을 떨어뜨려, 손바닥 위의 다섯 잎 동전을 본다. 그것들은 공교롭게도 모두 뒤집혀 있었다. (중략) 구보는 그 숫자에서 어떤 한 개의 의미를 찾아내려 들었다. 그러나 그것은 부질없는 일이었고, 그리고 또 설혹 그것이 무슨 의미를 지니고 있었다 하더라도, 그것은 적어도 '행복'은 아니었을 것이다. -《소설가 구보씨의 일일》중에서

1920년대 모더니티의 수도 파리에 발터 베냐민의 《일방통행로》가 있었다면, 1930년대 식민지 조선의 수도 경성에는 박태원의 《소설가 구보씨의 일일》이 있었다. 1934년 신문에 연재되었고 1938년에 단행본으로 나온 소설이다.

박태원은 근대적 의미에서 우리나라 최초의 공식 '산책자'였다. 그는 이 소설에서 자신의 분신인 '구보'를 내세워 당시 경성의 도시공간을 정밀하게 재현해 냈다. 단편소설 〈애욕〉(1934년)에서는 경성 시가지에 대한 사실적 묘사가 더 생생하다.

대한문 앞에서 덕수궁 돌담을 끼고 정동 골목을 쑤욱 들어가노라면 경성지방법원 맞은편 쪽에 있는 것은 용강문, 거기까지 가지 말고 바른편에는 전등 달린 전신주, 오른편에는 전등 안 달린 전신주 그 사이에 음침하게 울적하게 닫혀 있는 문이 바로 건극문이다.

이런 묘사기법은 '고현학考現學'에 바탕을 두고 있다고 알려져 있다. 고고학이 과거의 편린 속에서 과거의 삶을 규명하는 것이라면, 고현학은 동시대의 풍속을 통해 당대인들의 일상적 삶 속에서 의미를 찾으려는 학문이다. 이 학문은 도쿄의 긴자거리를 중심으로 1923년 관동대지진 이후 급속히 도래한 서구화 경향을 문명사적 관점에서 고찰하려는 목적에서 출발했다. 박태원은 동경 유학 시절에 이 방법론을 접하고 나서 이를 자신의 창작 방법으로 발전시켰다.

하지만 《소설가 구보씨의 일일》은 이런 기법을 넘어서서 좌절된 아나키즘의 정치학을 모더니즘의 예술로 승화한 소설이라는 평가도 있다. 《경성 모더니즘》에서는 앞의 인용문에 나오는 행복에 대해 "그가 찾고자 했던 '한 개의 의미', 그것은 조선의 아나키즘에 대한 열망이었고 이때 '행복'은 모든 아나키스트가 공통적으로 '원하는 최대의 욕망'이 된다"라고 분석한다.

자본주의가 막 성장하던 시기의 세 도시

19세기 말 파리, 1930년대 경성, 1960년대 말의 지방 소도시. 전혀 다른 시대와 장소지만, 내 마음속에는 신기하게도 이 세 공간이 나란히 놓여 있다. 19세기 말 파리는 발터 베냐민이 깊은 사유에 잠긴 채 천천히 거닐던 때의 원형이 만들어지던 도시다. 1930년대 경성은 소설가 박태원이 '구보'라는 이름으로 길 위를 헤매며 시대의 의미를 찾으려 했던 공간이다. 그리고

1930년 문을 연 미츠코시백화점 경성점.
지금은 신세계백화점 본점으로 사용되고 있다.

1960년대 말의 그 소도시는, 어린 내가 놀라움과 두려움이 뒤섞인 눈으로 세상을 처음 바라보게 해주었던 곳이다.

겉보기에는 모두 다르지만, 이 세 시대의 도시들은 자본주의(곧 근대)가 막 성장하기 시작하던 시기를 공유한다. 농촌 중심의 공동체는 무너지고, 사회는 갈수록 부를 중심으로 재편되어 갔으며, 사람들의 일상 속으로 돈과 상품이 파고들기 시작했다. 파리는 자본주의가 가장 먼저 꽃핀 중심부였고, 경성은 식민지라는 이름 아래 강제로 근대화된 변방이었다. 1960년대의 한국 소도시는 국가 주도의 산업화가 서서히 진행되던 곳이었다. 방식은 달랐지만, 모두 자본주의가 삶의 구석구석까지 침투하고 있던 시·공간이었다는 점에서는 같았다.

그 속에서 살아간 사람들의 운명은 어땠을까. 베냐민은 자본주의가 낳은 전쟁과 파시즘의 공포 속에서 스스로 생을 마감했고, 박태원은 자본주의를 피해 떠난 북에서 또다른 억압에 짓눌리며 불행한 최후를 맞았다. 그들과 같은 반열에 나를 놓을 수는 없겠지만, 나 역시 자본주의의 거친 세파를 견디며 여기까지 왔다. 그리고 지금은 내란의 여진이 계속되는 가운데 AI의 거대한 파도가 밀려오는 새로운 시대를 다소 비켜선 채 맞이하고 있다.

구멍가게라는 이름의
사회관계망 서비스

어릴 적엔 용돈이 늘 부족했다. 아니, 용돈이라는 개념 자체가 없었다. 명절이나 손님이 올 때 가끔 10원짜리 동전이 생기기도 했지만, 그것마저도 금세 압수당하기 일쑤였다. 용돈을 받기 시작한 건 아마 초등학교 5학년 때부터였을 것이다. 일주일에 한두 번, 비정기적으로 10원씩 받았던 것으로 기억한다. 하지만 사고 싶고, 먹고 싶고, 보고 싶은 것들에 비하면 그 돈으로는 넘치는 욕구를 도저히 채울 수 없었다.

어느 날, 머릿속으로만 구상하던 계획을 실행에 옮겼다. 돼지 저금통 투입구를 칼로 조심스럽게 넓혀 10원짜리 동전 두 개를 어렵게 꺼냈다. 미리 짜놓은 계획대로 10원으로 '뽀빠이'를 산 다음, 남은 10원으로 만화방에 갔다('뽀빠이'는 라면 부스러기를 튀겨서 만든 과자다). 만화 6권을 보는 동안 '뽀빠이'를 먹을 수 있도록 속도를 조절하며 책장을 넘겼다. 이 모든 계획은 완벽하게 성공했고, 나는 뿌듯한 만족감을 숨긴 채 아무 일 없었다는 듯 평소처럼 무덤덤한 표정으로 집에 들어섰다.

하지만 어머니와 구멍가게 아주머니가 내통(?)하고 있었다는 사실을 몰랐다는 게 결정적 실수였다. 구멍가게 아주머니가 나의 수상쩍은 구매 행위를 어머니에게 제보한 것이다. 어머니는 내가 그 가게에서 무엇을 샀는지, 심지어 가게를 나와 건너편 만화방으로 들어갔다는 사실까지 낱낱이 알고 있었다. 결국 나는 모든 것을 솔직하게 털어놓을 수밖에 없었다. 그날의 체벌과 훈계는 내 기억 속에 역대급으로 남아 있다. 하지만 어머니는 자식이 범죄자(도둑질)가 되는 것을 막겠다는 결심 때문이었는지, 그날 이후 용돈을 조금 더 자주 주셨다. 나는 그렇게 얻은 용돈을 우리 동네가 아닌 옆 동네 구멍가게에서 사용하며 우리 동네 가게 아주머니에게 은밀한 보복을 가했다.

1990년대 인기 드라마 속 구멍가게

옆집에 누가 사는지 몰라도 전혀 이상하지 않을 만큼, 도시의 삶은 갈수록 각박해지고 있다. 하지만 1990년대까지만 해도 '눈 뜨고 코 베인다'는 서울에도 따뜻한 마을 공동체가 곳곳에 존재했다. 그 사정은 당대의 인기 드라마 〈한 지붕 세 가족〉(1986년 11월~1994년 11월 방영)과 〈서울의 달〉(1994년 1월~1994년 10월 방영)에서 확인할 수 있다. 서울의 특정 지역에 사는 서민의 생활을 담은 이들 드라마에 하나같이 구멍가게가 등장한다는 점이 흥미롭다. 구멍가게가 이들 드라마에서 어떤 역할을 하는지, 〈서울의 달〉(65회)의 한 장면을 통해 확인해보자.

> (동네 총각이 구멍가게로 들어오자)
> 구멍가게 집 딸: 안녕하세요?
> 동네 총각: 어, 그래. 우리 보람이 이제 다 컸구나. 혼자 밥 먹을 줄도 알고.
> 구멍가게 집 딸: 나 내년에 학교 갈 거예요.
> 동네 총각: 학교에도? 좋겠다 보람이는. 학교에도 가서.
> 주인아줌마: (동네 총각에게) 장사 잘돼요?
> 동네 총각: 차가 안 막혀야 잘 되든지 안 되든지 하죠. 근데 아저씨는 어디 나갔어요?
> 주인아줌마: 요즘 앞집 영숙 씨 따라서 일당 받고 야채 장사하시잖아요. 부지런히 벌어서 장가가요. 처녀든 총각이든 묵혀서 좋을 거 하나도 없어요.

현재 시점에서 봤을 때 동네 총각과 가게 주인 딸의 관계가 이만큼 친밀하기는 어렵지만 그건 그렇다 치자. 주인아줌마가 동네 총각을 보고 결혼을 재촉한다는 건 도무지 이해하기 어렵다. 지금처럼 개인 간 장벽이 높지 않은 시대라는 걸 감안하더라도 가족 이상으로 가깝지 않으면 상상하기 어려운 대화다.

구멍가게는 대개 'ㅇㅇ상회'나 'ㅇㅇ슈퍼'라는 간판을 달았다.

당시 동네 구멍가게는 단순한 상업적 공간을 넘어, 주민들의 사랑방이자 정보 교류의 장소로 기능했다. 동네 사람들은 이곳에서 필요한 물건을 사고팔며, 담소를 나누거나 세상 돌아가는 이야기를 접했다. 동네 소식이나 중요한 정보들이 구멍가게를 통해 퍼져나가기도 했다. 때로는 갈등의 진원지이기도 했지만, 시간이 지나면 서로 이해하고 화해하는 장소가 되곤 했다. 어려운 이웃을 돕고 서로에게 힘이 되어주는 정겨운 공간이었다. 드라마 〈한 지붕 세 가족〉과 〈서울의 달〉에서도 구멍가게는 서민동네 사람들의 삶과 애환이 녹아 있는 특별한 공간의 역할을 충실히 수행하며, 이들 드라마가 높은 공감을 얻는 데 톡톡히 기여했다.

2022년에서 2024년까지 전라남도 일대 70여 곳의 구멍가게에 대한 현지답사 결과를 펴낸 《구멍가게 이야기》에서는 구멍가게의 성격을 다음과 같이 규정한다.

구멍가게는 우리 일상 깊숙이 들어와 있었다. 생활공동체 내에 위치한 구멍가게는 마을의 일상적인 공간이 될 수밖에 없고, 가게 주인은 가게를 기반으로 살림을 꾸리면서 동네 주민들과 하루하루를 공유하는 관계에 있었다. 가게를 통해 끊임없이 일상적인 교류가 이어지고 그 속에서 수많은 이야기판이 형성되었으니, 그 점이 구멍가게를 경제적 논리가 아닌 다른 시선으로 접근할 수 있는 원천이다.

《나미야 잡화점의 기적》과 편지 상담의 비밀

일본 소설 《나미야 잡화점의 기적》은 따뜻하고 감동적인 이야기로 일본에서는 물론 우리나라에서도 많은 사랑을 받은 작품이다. 복잡한 이야기를 짧게 요약하면, 중요한 선택의 기로에 있는 사람이 편지로 조언을 구하면, '나미야 잡화점'의 주인인 나미야 씨가 편지로 진실한 조언을 해준다는 내용이다(일본의 잡화점과 한국의 구멍가게는 판매 제품에서 약간의 차이가 있겠으나, 기능 면에서는 거의 같다).

예를 들어, 음악의 길을 포기하려는 사람에게 "당신이 음악 외길을 걸어간 것은 절대로 쓸모없는 일이 되지는 않습니다. 당신의 노래에 구원을 받는 사람이 있어요. 그리고 당신이 만들어낸 음악은 틀림없이 오래오래 남습니다"라고 위로한다. 이 위로에 용기를 얻은 그 내담자는 다시 뮤지션의 길에 매진해 인기가수가 된다.

하지만 내담자가 언제나 나미야 씨의 조언을 받아들이는 건 아니었다. 그런데 그 경우에도 당시의 솔직한 조언에 대해 나중에 다음과 같은 답신을 보내며 고마워한다.

> 지금은 정신적으로나 경제적으로나 풍족하게 잘살고 있습니다. 즉 나미야 씨의 충고를 따르지 않은 것이 옳았다는 얘기가 됩니다. 혹시 오해하실까 봐 미리 양해를 구합니다. 이 편지는 결코 비꼬려는 마음에서 보내는 것이 아닙니다. (중략) 나미야 씨의 충

고와는 다른 방향을 택한 사람도 있다는 것도 일단 알려드리는 게 도리라고 생각했습니다.

이 소설에서 주목해야 할 점은 잡화점의 기능이다. 소설에서 고령이 된 주인의 아들은 사람들이 모두 역 앞 상가로 가는 현실을 들어 가게를 접으라고 권하지만, 나미야 씨는 거절한다. 그는 잡화점이 물건을 파는 기능 말고도 이웃과 소통하는 기능을 한다는 걸 잘 알고 있었다. 그래서 설령 판매 기능을 수행하지 못하더라도 소통 기능만큼은 유지하고 싶었다. 바로 그 때문에 고민 상담을 시작했다. 상담 내용의 수용 여부와 관계없이 진실한 소통을 하고 싶은 것이다.

2004년, 영국 에든버러의 캐논밀스에 살던 85세 노파가 사망한 지 5년 만에 자신이 살던 임대아파트에서 발견되었다. 영국의 주요 언론은 이에 대해 영국의 노인 요양제도의 허점을 드러냈을 뿐 아니라 쇠퇴해 가는 영국 사회의 모습을 총체적으로 보여주는 사건이라고 보도했다.

하지만 런던시립대 피터 플레밍 교수는 어느 동네 주민의 해석에 주목했다. 그 주민은 한 방송사와의 인터뷰에서 다음과 같이 말했다.

테스코(세계적인 유통기업)가 모든 것을 바꿔놓았습니다. 그전에는 우리 동네에 정육점이나 빵집을 포함해 온갖 것이 다 있었어요. 그런 곳에 가면 어떻게든 사람들을 만나기 마련이지요. 하지만 대형 슈퍼마켓을 이용하면 사람들과 어울릴 일이 훨씬 줄어들어요.

그 노파가 죽기 몇 년 전 대형 슈퍼마켓 체인이 들어오면서 소통과 나눔의 공간이 사라졌고, 사람들은 점점 이기적이고 독립적인 존재로 고립되어 갔는데, 이 사건은 바로 이런 현상의 결과라는 것이다. 플레밍 교수는 이를 신자유주의 정책의 총아로 불리는 '호모 이코노미쿠스'의 민낯을 고스란히 드러내는 사건으로 규정했다. 그가 쓴 《호모 이코노미쿠스의 죽음》에 나오는 얘기다.

구멍가게가 대형 슈퍼마켓이나 대기업의 체인점인 편의점으로 대체되면서 상품의 다양성과 구매의 편리성은 좋아졌지만, 구멍가게가 지닌 소통 공간의 기능은 사라지고 말았다. 이것을 과연 발전이나 성장이라는 이유로 정당화할 수 있을까?

구멍가게는 아날로그 시대의 SNS였다

《은하계 환승터미널 구멍가게》는 봉천동이라는 서울 변두리 구멍가게가 외계인이 지구로 들어오고 나가는 환승구라는 독특한 설정으로 주목받은 소설이다. 결국 이 소설은 외계인으로 보이는 누군가도 우리의 소중한 이웃이라는 사실을 깨닫게 해준다. "저마다 상처를 가진 인물들이 서로가 서로에게 위안이 되고 손을 내밀어 주는 모습에 마음이 따뜻해져요"라는 어느 독자의 평이 인상적이다. 그런데 내가 보기에 무엇보다 이 소설이 던지는 메시지는 우주개발이 본격 추진되는 이 시대에도 구멍가게의 따뜻한 소통 기능이 필요하다는 역설이다.

구멍가게는 아날로그 시대의 SNS, 곧 사회관계망서비스였다. 마을 공동체 속의 구멍가게는 단순히 물건을 팔기만 하는 곳이 아니라, 사람들이 다양한 관계를 맺으며 서로 따뜻한 정을 나누는 장소였기 때문이다. 구멍가게도 마을 공동체도 사라진 지금, 공동체를 떠난 사람들은 자유인이 되었다. 그들은 구멍가게 대신 들어선 편의점에서 매번 바뀌는 아르바이트생에게 생수를 사서 카페나 공원 벤치에 앉아 저마다의 SNS를 보며 각자 외로움을 달래고 있을 것이다.

응답하라, 전파사

동네 어귀, 이발소 옆에 자리 잡은 '교동 전파사' 앞에는 항상 낡은 라디오와 선풍기, 전기난로 따위가 쌓여 있었다. 어릴 적 내가 고장 난 라디오를 들고 자주 찾던 곳이다. 주인아저씨는 대개 내가 건네준 라디오를 처음에는 이리저리 돌려보다가, 드라이버를 꺼내 뒷뚜껑을 연 다음 본격적인 수리를 시작했다. 납땜을 하거나 전기선을 새로 잇기도 했고 창고에서 새 부품을 꺼내 갈아 끼우기도 했다. 얼마 후 칙칙거리던 라디오는 마치 중환자가 병원으로 실려갔다가 웃으며 걸어 나오듯 멀쩡하게 살아 돌아왔다.

1990년대까지도 사람들은 라디오에서부터 흑백과 컬러 TV, 전축과 오디오, 선풍기, 믹서기, 다리미, 드라이기, 전화기, 면도기, 전기장판 등이 고장 나면 어김없이 가까운 동네 전파사

1990년대까지는 동네마다 전파사가 하나쯤 있었다.

로 달려갔다. 전파사 아저씨는 드라이버, 납땜기, 칼 등 간단한 도구만으로 그 모든 것을 고치는 만능 해결사였다.

언제부터인가 곳곳에 대기업의 애프터서비스센터가 들어서기 시작했다. 그러면서 전파사는 하나둘 사라졌다. 가장 큰 이유는 사람들이 '고쳐 쓰는 것'에서 '버리고 새로 사는 것'에 익숙해져서다. 소득이 늘어나고 제품 가격은 낮아진 데다 폐기물 처리도 쉬워진 탓이다. 신제품 가격이 수리비보다 더 저렴한 경우가 다반사로 벌어졌다. 그래서 사람들은 흔쾌히 고쳐 쓰는 수고보다 새로 사서 쓰는 즐거움을 선택했다.

클로드 레비스트로스의 책《야생의 사고》에는 '브리콜뢰르 Bricoleur'와 '브리콜라주 Bricolage'라는 용어가 나온다. 나는 그 생소한 용어들을 처음 접했을 때 '교동 전파사'의 주인아저씨를 떠올리며 쉽게 이해할 수 있었다. '브리콜뢰르'란 정해진 계획이나 전문적인 도구 없이, 주변에 있는 잡동사니나 즉흥적으로 손에 들어온 재료들을 활용해 새로운 물건을 만들어 내는 사람을 뜻한다. 특정한 목표를 위해 특별히 고안된 재료를 사용하는 것이 아니라, 이미 존재하는 것들을 재조합해 문제를 해결하는 사람이다. 맥가이버와도 통하는 단어다. '브리콜라주'는 '브리콜뢰르'가 하는 활동, 곧 '손에 닿는 어떤 재료들이라도 가장 값지게 창조적이고 재치 있게 활용하는 기술'을 뜻한다.

브리콜뢰르의 특징은 주어진 재료, 곧 한정된 레퍼토리 안에서 즉흥적으로 해결책을 찾는다는 점이다. 미리 철저한 계획을 세우고, 목표 달성을 위해 필요한 재료와 도구를 처음부터 새롭게 구하는 현대의 엔지니어링과 구분되는 지점이다. 따라서 브리콜뢰르에게는 그때그때 상황에 대처하는 창의적인 사고가 중요했다.

레비스트로스는 원시 부족의 신화적 사고를 브리콜라주에 비유하며, 그들의 사고방식이 결코 미개한 것이 아니라, 주어진 환경 속에서 최적의 해답을 찾는 고유한 창의성이라고 보았다. 나에게는 교동 전파사의 주인아저씨가 바로 브리콜뢰르였고, 그가 지닌 기술이 바로 브리콜라주였다.

전구 카르텔에서 시작된 '계획적 진부화'

전자제품 수리를 전문으로 하는 전파사는 왜 사라졌을까? 사람들은 왜 고쳐 쓰기보다 새로 사서 쓰게 되었을까? 2010년 제작된 다큐멘터리 영화 〈전구 음모The Light Bulb Conspiracy〉가 그 비밀을 알려준다.

2001년, 미국 캘리포니아의 한 소방서에서 100주년 생일 파티가 열렸다. 주인공은 다름 아닌 1901년에 제작된 백열전구였다. 1세기가 넘는 시간 동안 꺼지지 않고 빛을 밝힌 이 전구는 당시 기술이 얼마나 뛰어났는지를 증명하는 듯했다. 하지만 놀랍게도 100여 년 전의 기술이 지금의 기술보다 더 앞선 것은 아니었다. 이 전구 탄생 이후, 전구 제조 기술은 오히려 퇴보의 길을 걸은 걸까?

문제는 기술이 아닌 '계획'에 있었다. 1924년 스위스 제네바에서는 필립스와 오스람 등 세계 유수의 전구 제조사들이 모여 '포이보스Phoibos'라는 이름의 카르텔을 결성했다. 이들은 전구의 수명을 1000시간으로 제한하기로 합의했다. 당시 이미 2500시간에 달했던 전구의 수명을 인위적으로 줄여 더 많은 제품을 판매하기 위한 전략이었다. 이렇게 제품의 수명을 의도적으로 짧게 만들어 소비를 유도하는 행위를 '계획적 진부화Planned Obsolescence'라고 부른다.

프랑스 경제학자 세르주 라투슈는 《낭비사회를 넘어서》에서 현대 소비사회를 이끄는 세 가지 핵심 동력으로 광고, 소비 금융 그리고 계획적 진부화를 꼽는다. 광고가 소비 욕망을 자극하고, 소비 금융이 그 수단을 제공하면, 계획적 진부화는 소비자가 가진 물건을 낡고 쓸모없는 것처럼 느끼게 해 끊임없이 새로운 물건을 구매하게 만든다는 것이다. 특히 현대사회에서는 제품에 의도적인 결함을 심는 방식보다 광고와 마케팅을 통해 기존 제품을 구식으로 만드는 '상징적 진부화'가 활발하게 이뤄지고 있다. 최신 스마트폰이 출시될 때마다 내가 가진 제품이 낡아 보이는 것은 이 때문이다.

계획적 진부화는 단순한 상술을 넘어 심각한 환경 문제를 야기한다. 짧은 수명을 가진 제품들이 대량으로 버려지면서 자연 자원 낭비와 쓰레기 범람이라는 중대한 생태적 위기를 초래하는 것이다. 전문가들은 이런 악순환의 고리를 끊기 위해 무분별한 성장에서 벗어나 '탈성장'을 추구해야 한다고 강조한다.

나희덕 시인은 〈피와 석유〉라는 시에서 성장으로 인한 환경 파괴의 결과를 특유의 상상력으로 이렇게 증언한다.

> 록펠러는 자신의 석유를 더 팔기 위해/램프와 난로를 아주 싸게 팔았다/그들에게 가장 큰 위험은 석유 소비가 줄어드는 것/매일 1억 배럴의 석유가 세계로 팔려나간다/뚫고 또 뚫어라!/ (중략) / 지구는 구멍이 숭숭 뚫린 채 갈기갈기 찢기고 있다.

동네마다 전파사가 있는 세상을 그리며

저스틴 루이스는 《소비자본주의를 넘어서》에서 독특한 제안을 했다. 폐기물 관리와 환경보전 비용을 포함시켜서 가전제품의 생산비를 대폭 올려야 한다는 것이다. 가령 TV의 경우, 소재로 사용되는 광물을 채취하는 데 들인 비용, 원자재 구매·생산·광고·유통 과정에서 생긴 온실가스 배출 상쇄 비용, 폐기된 TV의 재활용 비용 등을 포함해서 생산비를 결정해야 한다고 주장했다. 그렇게 되면 기업은 생산비를 낮추기 위해 제품을 더 지속가능한 형태로 바꿀 것이고, 소비자는 쉽게 고칠 수 있고 처분 시 부담이 덜한 제품(곧 더 저렴한 제품)을 사게 될 것이라고 보았다.

그는 1992년 미국에 2만 개가 넘는 전자제품 수리점(곧 전파사)이 있었는데, 10년이 지나자 9000개 밑으로 떨어졌고 계속해서 빠르게 줄어들고 있다며, 폐기물 관리와 환경보전 비용이 실제 생산비용에 포함된다면 수리와 조립기술은 다시 유망해지리라 예측했다. 그리고 다시 10년도 더 지났다. 안타깝게도 그의 예측이 실현되었다는 말은 들리지 않고, 전파사는 〈그때를 아십니까〉 같은 복고형 프로그램에서나 볼 수 있게 되었다.

앞에서 소개한 레비스트로스는 원시인의 야생적 사고가 현대인의 합리적 사고보다 더 창의적일 수 있다는 점을 강조한 바 있다. 이 때문에 그는 인류의 역사가 언제나 더 나은 방향을 향해 나아간다는 진보 사관을 부정했다. 이런 견해에 따른다면 '교동 전파사' 아저씨가 세계적인 기업인 S전자 서비스센터의 베테랑 기사보다 더 유능한 기술자일 수 있다는 얘기가 된다. 그리고 예전처럼 동네마다 전파사가 있는 세상이 더 발전한 미래일 수 있다는 얘기도 된다. 응답하라, 전파사!

문제는 여전히
'지상의 방 한 칸'

　나에게는 오랫동안 '내 집'이 없었다. 농촌 마을에서 이웃 소도시로 이사한 직후부터 고등학교 2학년 때까지 우리 가족은 근 십 년 동안 여러 셋집을 옮겨 다녔다. 대학에 입학하면서 나 홀로 서울에서 지낼 때는 대개 하숙이나 자취를 했고, 잠시 입주 가정교사로 남의집살이도 했다. 스물아홉에 결혼한 다음 십 년쯤 지난 뒤에야 어렵사리 내 집을 마련할 수 있었다. 무일푼으로 시작했지만 알뜰하고 부지런한 아내 덕에 그리 늦지 않게 셋방살이를 면한 것이다.

　1960년대 말부터 1980년대가 저물 때까지 농촌에 살던 많은 사람이 서울 등 대도시로 이주해 노동자가 되었다. 역사는 그때를 산업화 시기라고 부른다. 산업화를 나더러 정의하라면, 한 마디로 농부가 노동자로 변신한 사건이라고 말하고 싶다. 다시 말해 농부가 삽이나 괭이 대신 망치나 스패너를 든 일이라는 얘기다. 신경림 시인이 〈농무〉에서 그렸듯이, 농부들은 "산 구석에 처박혀 발버둥 친들 무엇하랴"라고 신세를 한탄하면서 '비료 값도 안 나오는 농사 따위'를 눈물로 접은 다음 방 한 칸 마련할 돈도 없이 무작정 서울로 올라왔다. 그들은 노동자가 되었거나 빈민이 되어 도시의 외진 곳을 떠돌았다.

"눈 주면 언제나 눈에 익어 거기 정답게 있던, 우리들이 자라며 나무하고 고기 잡고 놀아주었던 몸에 익은 정든 이름들이 구로동 성남 신길동 명동, 이런 낯선 서울 이름들과 엇갈리며 우리 머릿속을 쓸쓸하게 지나갔다." 김용택 시인은 산문시 〈섬진강 16〉에서 기대와 두려움을 모두 안고 서울로 떠나오던 그들의 심정을 이렇게 묘사했다. 무작정 서울로 올라온 그들은 당장 아쉬운 대로 청계천 등지에 무허가 판잣집을 지어 거처로 삼았다. 하지만 판잣집은 무허가라는 제도적 불안 요인 말고도, 여름엔 덥고 겨울엔 추운 데다가 수재나 화재 등 각종 자연재해의 위험이 도사리고 있는 곳이었다. 김용택 시인의 말마따나 '피와 땀과 살을 섞었던 땅, 버림받고 무시당하면서도 나라에서 시키는 대로 다 했던 땅, 그래도 정 붙여 살았던 땅'과 결코 비교될 수 없었다.

"몸 가릴 방 한 칸이 망망천지에 없단 말이냐."
문제는 자기 소유의 안전한 '지상의 방 한 칸'이었다. 소설가 박영한은 《지상의 방 한 칸》이라는 중편소설에서, 1970년대 말에서 1980년대 초 가난한 소설가가 안정된 환경에서 집필할 수 있는 거처를 마련하기 위해 벌인 악전고투를 생생하게 증언한다. 그는 "어찌하여 하나님은 소설가에게 조용한 방 한 칸 선처해 주는 일에 그토록 인색하단 말인가"라고 한탄했다. 시인 김사인도 같은 제목의 시에서 "초라한 몸 가릴 방 한 칸이 망망천지에 없단 말이냐"라며 비통해했다. 시나 소설 등 자신을 표현할 도구를 가진 문인의 말을 통해 그런 도구조차 없는 민초들의 심정이 어땠는지 추측해 볼 수 있을 듯하다.

당시 그들의 피폐한 삶을 증언하는 사진 한 장이 유독 내 눈길을 끌었고, 그림까지 그렸다. 일본의 다큐멘터리 사진작가 구와바라 시세이가 1965년에 찍은 사진이다. 오염된 물이 흐르는 청계천 위에 일종의 필로티 공법처럼 기둥들이 박혀 있고, 그 위에 판자(일부는 슬레이트)로 얼기설기 엮은 3층짜리 판잣집이 위태롭게 서 있다. 주로 흰색으로 보이는 빨래가 주렁주렁 내걸려 있고 화분이나 대야 같은 가재도구도 나와 있다. 3층에는 성인 남자가 창문 밖을 내다보고 있으며, 1층 난간에는 어린아이 둘이 먼 곳을 바라보고 있다. 3층의 성인 남자는 일터에서 돌아와 휴식을 취하고 있는 노동자인 듯하다. 아니면 맘 편하게 집필할 장소를 찾지 못한 가난한 글쟁이인지도 모른다.

1층의 두 아이는 박태원이 1938년 발표한 장편소설 《천변풍경》에 등장하는 창수와 재봉이를 생각나게 한다. 《천변풍경》

청계천 판자촌 광경.
(저본은 일본의 다큐멘터리 사진작가 구와바라 시세이의 1965년 작품)

은 1930년대 청계천변을 중심으로 일어나는 다양한 서민들의 모습을 그린 세태소설이다. 창수는 한약방의 사환이었고, 재봉이는 이발소의 사환이었다. 창수는 나중에 큰돈을 벌어 성공하는 것으로 그려져 있으며, 재봉이는 현실에 만족하는 성격으로 보아 평범한 서민의 삶을 살았을 것 같다. 40년을 훌쩍 뛰어넘은 상상이지만, 과연 그림 속 두 아이는 나중에 창수처럼 되었을까, 재봉이처럼 되었을까?

경제학자 우석훈에 따르면, 1975년 자기 집에 사는 비율은 63퍼센트였는데 1980년에는 58퍼센트로 내려갔으며, 외환위기 때는 이 비율이 54퍼센트였고, 2017년에는 조금 높아져 57.7퍼센트 정도 되었다고 한다. "1980년대 이후로 한국의 자가 주택 보급률은 53~56% 사이에서 변한 적이 없다. 집을 많이 공급하든 덜 공급하든, 임대주택 제도를 어떻게 바꾸든, 이 비율은 유신 경제 이후로 변한 적이 없다." 그의 씁쓸한 결론이다.

우리는 지난 60~70년 동안 절반에 가까운 국민에게 '지상의 방 한 칸'도 제대로 마련해 주지 못했으면서, 그때를 '한강의 기적'이라 뿌듯해하고 세계에서 유례없는 고도 경제성장을 이루었다고 자랑하며 선진국에 진입했다고 샴페인을 터뜨렸다. 그 기적과 그 성장과 그 진입은 대체 누굴 위한 것이었을까?

학교가 만든
성공신화의 그늘

내 어린 시절 추억 속에는 언제나 학교가 있었다. 아버지의 직장이었던 학교 운동장 옆 관사에서 태어나, 운동장을 마당처럼 동네 아이들과 뛰놀았다. 그래서인지 성인이 된 뒤 낯선 시골 마을에서 길을 잃어도 학교만 보이면 마음이 놓였다.

학교는 도처에 있었다. 첩첩 산골 오지에도, 외딴 섬마을에도, 전쟁의 상흔이 곳곳에 남아 있던 혼란과 빈곤의 시대에도. 물론 학생도 있었고 교사도 있었다. 그리고 고도성장의 기반이었다는 높은 교육열도 있었다.

가수 조영남의 자전적 이야기가 담긴 번안가요 〈내 고향 충청도〉에는 "내가 다니던 국민학교는 동네서 제일 큰 집이었죠"라는 가사가 나온다. 한국전쟁 중 그의 가족은 초가집만 드문드문 있던 두메산골에 정착했는데 거기에도 학교가 있었다는 얘기다. 1967년 이미자가 불렀고 영화로도 제작된 〈섬마을 선생〉은 서울에서 내려온 총각 선생님을 짝사랑하는 시골 처녀의 순정을 그리고 있다. 이 작품의 배경은 남해안 어느 낙도의 분교다. 이 섬마을에서도 학교는 가장 큰 건물이었을 것이다.

내가 아는 어느 선배는 캄보디아를 지원하는 봉사단체를 이끈다. 그 단체의 주된 사업은 캄보디아 오지에 학교를 지어주고 그 학교에서 일할 교사의 봉급을 지원하는 일이다. 학생은 있는데 학교를 짓지 못하고, 학교가 있어도 교사를 보내지 못할 만큼 그 나라의 재정이 열악하다는 얘기다.

그렇다면 한번 비교해 보자. 1960년 우리나라의 1인당 국민소득은 158달러이고 2022년 캄보디아의 1인당 국민소득은 약 2700달러다. 지난 60여 년간 화폐가치의 하락을 고려하더라도 1960년 전후의 대한민국이 현재의 캄보디아보다 분명 더 가난했다. 그런데도 우리나라의 교육 인프라는 튼튼했고 캄보디아의 교육 인프라는 지금도 턱없이 빈약하다. 이는 우리의 높은 교육열을 말해주는 유력한 증거이기도 하다. 도처에 있던 학교가 높은 교육열로 이어졌는지, 높은 교육열이 도처에 학교를 짓게 했는지는 물론 더 따져봐야 한다.

학벌주의의 맨 꼭대기, 서울법대의 허상

높은 교육열은 학벌주의를 낳았다. 학벌주의란 개인의 능력과 관계없이 출신학교의 서열을 중요시하는 사회현상을 말한다. 학벌주의 사다리의 꼭대기에는 서울대학교 법과대학을 줄여 부르는 '서울법대'가 있다. 대학입시를 치러본 한국인이라면, 특히 문과의 경우 대학 학과별 배치표 맨 위에 단 한 번의 예외도 없이 서울법대가 떡 하고 자리 잡고 있었다는 걸 쉽게 기억할 것이다.

공부를 잘해서 서울법대가 실제 목표였던 사람은 물론이고 서울법대가 그림의 떡일 뿐인 사람에 이르기까지, 서울법대는 만인의 우상이고 로망이었음이 틀림없다. 서울법대는 2009년 서울대에 로스쿨이 생기면서 자율전공학부에 정원을 내주고 사라졌지만, 그 동문들은 법조계는 물론 정계와 재계에서 막강한 힘을 과시하고 있다.

'지잡대 출신의 듣보잡'에 불과했던 한 정치 브로커가 온 나라를 뒤흔든 적이 있다. 그 뇌관은 아직 폭발하지도 않았다. 그가 관계를 맺은 유명 정치인은 여럿이지만 특별히 두 사람이 내 눈길을 끌었다. 그 두 사람의 공통점은 '서울법대-사법고시 패스-국회의원'이라는 초 엘리트 코스를 밟았다는 점이다. 이들 '대한민국 1퍼센트'의 주인공이 '지잡대 출신의 듣보잡'에게 비굴하게 머리를 조아렸다고 알려진 그 사건이 내게는 너무나 흥미로웠다. 문자를 쓰자면 매우 '문제적'이고 '징후적'이다. 서울법대라는, 고귀하다고 믿었던 문화자본이 실은 깡통계좌나 마이너스통장 속 허상일 수도 있다는 사실이 밝혀진 셈이다.

서울법대 출신은 '12.3 내란'의 주역이었다. 내란의 수괴인 전 대통령을 비롯해 전 행정안전부 장관과 대통령 권한 대행을 지낸 전 부총리 그리고 전 검찰총장까지 모두 서울법대 출신으로 내란에 깊숙이 연루된 혐의를 받고 있다. 사법권을 남용해 정적을 제거하려 했다고 의심받는 대법원장과 해괴한 논리로 내란 수괴를 석방한 법관 또한 서울법대 출신이다. 이들을 개혁진보 진영의 서울법대 출신과 구분하기 위해 '서울법대 내란파'라는 용어가 만들어지기도 했다.

서울법대 출신의 오만한 심리상태에 대해서는 서울법대 출신 최강욱 변호사의 다음과 같은 언급에서 확인할 수 있다.

(서울법대 출신은) 어쩌면 저렇게 뻔뻔할 수 있어, 어쩌면 저렇게 반성을 안 해, 이렇게 말씀하시는데, 반성해야 할 이유가 없어요. 학교 다닐 때 공부 잘하고 선생님한테 칭찬만 듣고 모범생이라고 맨날 상 받았는데 반성할 일이 있습니까? 나한테 숙제 검사받고 용의 검사받고 떠든 사람 이름 적힌 사람들이 나한테 손가락질하면서 반성하라면 그게 용납이 됩니까? 니네가, 아이고 니네가 나한테? 열등한 것들이, 문제아였던 것들이, 속으로 진정하게 생각하는 거는, 아이고 그렇게 억울하면 서울법대를 나오시든가, 그렇게 화가 나면 고시 붙어서 검사를 하지 그랬어. 그것도 못하는 것들이 모여가지고 뭉쳐서 뭐 밤중에 뭘 자꾸만 흔들고 난리여. 이런 생각 안 하겠어요?

—2025년 6월 28일, '최강욱 전주 북토크' 강연 중에서

물론 그렇다고 해서 서울법대 출신 전체가 비판의 대상은 아니다. 서울법대 출신 중에는 1세대 인권변호사인 조영래 변호사나 문형배 전 헌법재판소장 직무대리와 같이 훌륭한 법조인도 많다. 다만 문제는 공적 권한으로 사익을 추구하는 일부 법조인이 서울법대 이미지 전체를 훼손하고 있다는 점이다.

"도쿄대학 법학부 졸업생은 '찻잔'일 뿐"

서울법대가 있는 바로 그 자리에 일본에는 '도쿄대학 법학부'가 있다. 전국에서 가장 성적이 좋은 학생이 입학한다는 점이나 졸업생들이 정·관·재계에 막대한 영향을 끼친다는 점이 판박이처럼 닮았다. 그런데 도쿄대를 중퇴한 뒤 일본의 대표 저술가가 된 다치바나 다카시는 《도쿄대생은 바보가 되었는가》에서 도쿄대학 법학부 출신들을 신랄하게 비판한 바 있다.

그는 우선 도쿄대학 법학부에 입학하는 대다수 학생은 주입식 교육에 순응하는 두뇌 구조를 지녔다고 전제한다. 그들 대부분이 선생님이 가르쳐 주는 내용을 충실하게 머릿속에 입력했다가 시험을 볼 때 그것을 출력하는 과정을 되풀이하면서 수험 경쟁을 헤쳐 나왔다는 이유에서다. 그는 한 마디로 도쿄대학 법학부 졸업생을 '찻잔'일 뿐이라고 규정한다. "토론 형식의 강의가 매우 적어서 많은 학생이 주입식 교육만 받다가 학창 시절을 끝낸다. 즉 대다수의 학생은 대형 강의실에 배열된 '찻잔'인 상태로 (교수가 주전자로 부어주는 대로 받아들이며) 학창 시절을 마감하는 것이다."

이 책에서 소개하는 도쿄대학 법학부 전 학부장의 졸업식 축사도 흥미롭다(《주간 아사히》 1998년 4월 17일자에 실렸다고 함). "최근 들어 나는 일본의 학생들에게 지식이 부족할 뿐 아니라 인간적으로 유치한 학생들이 증가하고 있다는 사실을 깨닫게 되었습니다. (중략) 일본 사회는 현재 도저히 눈 뜨고는 볼 수 없는 추악한 사건이 빈번하게 발생하는 세기말의 참상을 연출하고 있습니다. 마치 진흙탕 같은 부패, 타락, 부정, 불상사에 도쿄대학 법학부를 졸업한 이들이 관련되어 있다는 것은 정말 개탄할 일이 아닐 수 없습니다." 이쯤 되면 서울법대와 도쿄대학 법학부는 이란성 쌍둥이 같다.

문제는 과도한 경쟁교육과 삐뚤어진 능력주의, 승자독식 시장주의에 있다. 이런 사고가 대입 배치표 맨 꼭대기에 있는 '서울법대'에 대한 선망과 우상화로 이어졌을 것이다. 더 큰 문제는 영향력 있는 자리에 있는 많은 서울법대 출신이 공동체에 대한 책임과 헌신은 철저히 무시하고 공적 권한을 활용해 오로지 자신과 자파의 사리사욕만 추구한다는 점이다. 공동체가 선망하는 대상이 공동체를 파괴한다는 역설! 이 결과는 해방 후 80년간 우리 공동체가 받은 누적된 성적일 수도 있다. 김누리 교수는《경쟁교육은 야만이다》에서 이렇게 분석한다.

한국의 교육은 소수의 승자와 다수의 패자를 만드는 교육입니다.

승자는 모든 것을 독식하고 패자는 모든 것을 잃는 구조입니다. 그러니 교실이 전쟁터가 되는 것은 당연합니다. 이러한 전쟁터에서 승자는 오만함을, 패자는 열등감을 내면화합니다. 이것이 '오만과 모멸'의 구조로서 사회적 심리의 바탕을 이룹니다. 현재 한국 사회가 안고 있는 문제는 근본적으로 전쟁터와 다름없는 우리의 교육현실에서 배태된 것입니다.

성공한 사람들이 실패한 사회를 만든 것은 아닐까?

다음 그림은 1950년대 어느 초등학교의 입학식 풍경이 담긴 사진을 보고 그린 것이다. 옷차림으로 보아 그날 입학하는 두 아이가 어떤 여성과 함께 서 있다. 그 여성이 그녀의 손을 잡은 아이와 모자母子 관계임이 분명해 보이지만, 그 아이 옆에 있는 또다른 아이와는 어떤 관계인지 알 수 없다. 어쨌든 어머니의 얼굴에는 아이를 성공시키고 말겠다는 비장한 각오와 결연한 자세 같은 게 보이고, 아이들의 표정에는 막연한 기대와 낯설음이 뒤섞여 있다. 어쩌면 그녀는 저 시점에 이미 서울법대를 염두에 두었을지도 모른다.

공부 잘해서 서울법대 가고, 서울법대 가서 고시 합격하고, 그런 다음 판검사나 국회의원이 되고, 그래서 결국 돈과 명예를 거머쥐고 떵떵거리며 사는 게 가장 큰 성공이라고 배운 사람이 많다. 꼭 그렇게 되지 못했다면 그 비슷하게라도 되는 것이, 그

1950년대 어느 초등학교(당시 국민학교)의 입학식 날 모습.

마저도 안 되면 혈연·지연·학연을 동원해 그런 지인을 알고 지내는 것이 작은 성공이라고 여기는 사람도 많다. 이도 저도 아니라면 그렇게 '성공한 사람들'을 무작정 추종하거나 동조하는 것이 실패하지 않는 삶이라고 믿는 사람이 적지 않다. 지난 수십 년간 우리 사회는 그렇게 '성공한 사람들'이나 그 동조 세력이 주도해 왔다고 해도 크게 지나치지 않다.

우리는 선진국이 되었고 문화강국이 되었다고 자부하지만, 그 이면에는 학교가 빚어낸 왜곡된 성공 신화가 놓여 있다. 서울법대를 정점으로 한 학벌주의와 능력주의는 '성공한 사람들'을 길러냈지만, 그들이 결국 실패한 사회를 만든 것은 아닐까? 학교가 만든 성공신화가 실패의 굴레가 된 것은 아닐까?

골목의 추억,
"우리가 안 그랬다"와 "영구 없다."

쥴리로 의심받는 김건희 씨가 "바빠서 쥴리 할 시간이 없었다"라고 해명하는 인터뷰를 한 적이 있다. 나는 그 발언을 듣는 순간, 삼십여 년 전 영구(곧 심형래)가 한 "영구 없다"라는 말과 함께 사십여 년 전 '복남이'라는 동네 친구가 한 "우리가 안 그랬다"라는 말을 떠올렸다. 쥴리나 영구(심형래)는 알겠는데, 난데없이 복남이는 누구며 생뚱맞게 "우리가 안 그랬다"는 말은 또 뭔가? 그런 듣보잡을 어찌 감히 'V0'로 불렸던 영부인이나 대한민국 최고의 바보 캐릭터와 같은 반열에 올려놓는가? 이렇게 의아해할 수 있다. 자, 이제부터 그 이야기를 들려주려 한다. 그러려면 먼저 어린 시절 '초인종 놀이'와 관련된 에피소드부터 꺼내야 할 것 같다.

"우리가 안 그랬다"와 초인종 놀이의 굴욕

어린 시절 동네 친구들과 함께했던 딱지치기, 구슬치기, 땅따먹기, 비석놀이 같은 기존의 뻔한 놀이에 싫증을 느낄 때 별식으로 즐기던 놀이가 있었으니, 바로 '초인종 놀이'였다. 어느 집 대문에 달린 초인종을 누르고 도망간 다음 대문을 열어주려고 나온 그 집 어른이 당황하는 모습을 멀찍이 몰래 숨어서 지켜보며 묘한 쾌감을 느끼는 놀이였다. 당시에는 스피커폰이나 비디오폰 같은 게 없었으니 비가 오든 눈이 오든 초인종만 울리면 대개 어른이 대문을 따러 직접 나온다는 점이 이 놀이의 성립 조건이었다.

당시 대문에 초인종을 달았을 정도면 웬만큼 사는 집이었을 것이다. 지금 와서 생각하면 그리 넉넉하지 못했던 동네 친구들이 부잣집에 대해 가지고 있던 막연한 시샘을 그런 놀이로 표현했던 것 같다. 또는 갖은 통제와 억압으로 늘 우리를 구속하던 어른들에 대한 저항의 의미도 들어 있었을 것이다.

'초인종 놀이'는 애먼 사람을 놀라게 하고 그 반응을 지켜본다는 점에서 몰래카메라의 원조라 할 수 있다. 물론 이경규의 몰래카메라는 화해의 해피엔딩으로 끝난다는 점에서 우리의 '초인종 놀이'와는 마무리가 다르다. 어른을 골탕 먹인다는 점에서는 영화 〈나 홀로 집에〉의 주인공 케빈(맥컬리 컬킨 분)이 한 행위와도 닮았다. 물론 못된 어른에 대한 영리한 꼬맹이의 정당한 응징을 우리의 짓궂은 장난과 같은 차원에 놓고 볼 수는 없겠지만 말이다.

몰래카메라와 마찬가지로 이 놀이의 포인트는 놀이의 주체가 몰래 숨어서 덫에 걸려든 대상의 당황스러워하는 표정과 행동을 즐겁게 지켜보는 데 있다. 만약 숨지 않고 대문 앞에 그대로 서 있거나 숨어서 지켜보더라도 정체가 탄로 나는 순간, 그 놀이는 실패로 끝난다. 그러면 놀이의 주체는 욕을 바가지로 먹을뿐더러 성깔 있는 대상을 만날 경우에는 예상치 못한 곤욕을 치를 수도 있다.

'초인종 놀이'는 자기 동네에서만 하는 기존의 놀이와 달리, 반드시 다른 동네로 진출해서 해야 하는 '탈 동네 놀이'였다. 익명성이 보장되지 않는 자기 동네에서 그 짓을 벌였다간 성공 여부와 관계없이 매를 벌기가 십상일 테니까. 또한 보상이 뻔한 기존의 놀이와 달리, 위험부담이 큰 대신 성공하기만 하면 심리적 보상이 그만큼 컸다. 곧 규모와 보상 면에서 기존의 놀이를 압도했다. 이 때문에 이 특별 놀이를 수행하는 우리의 자세는 자못 진지하고 비장했다.

나와 내 또래 네댓 명이 한 조가 되어 '초인종 놀이'의 순례를 성공적으로 수행하던 어느 날이었다. 초인종 소리에 뛰쳐나온 어른의 황당해하는 반응을 서너 번 지켜본 다음이었다. 각자의 무용담을 서로 나누며 완전범죄를 수행했다는 뿌듯함에 한껏 오만해진 상태로 다음 공격 장소를 물색하고 있었다. 그런데 느닷없이 우리 가운데 가장 나이가 많은 복남이라는 친구가 새

초인종 놀이의 대상이 되곤 했던 골목길.

로운 제안을 했다. 숨어서 지켜보지만 말고 어처구니없다는 듯이 어른이 서 있는 대문 앞을 모른 척하고 지나가 보자는 제안이었다. 나는 그러다가는 자칫 우리가 범인임을 들킬 수 있는데 왜 그런 위험을 감수하느냐고 반박했으나, 복남이는 재미있지 않겠느냐며 나이의 위세로 밀어붙였고, 결국 다들 마지못해 동의했다. 나는 그렇다면 대문 앞을 지나가면서 대문 밖으로 나온 어른과 절대로 눈을 마주치지 말고 빠르게 지나가야 한다는 걸 강조했고 모두들 그러겠다고 약속했다.

마침내 우리는 표적물을 정하고 작전을 개시했다. 우리 가운데 키가 가장 큰 친구가 깨금발을 하며 초인종을 누른 다음 얼른 합류했다. 잠시 후 대문을 열고 나오는 한 아주머니의 모습을 확인한 다음 우리는 각자 앞서거니 뒤서거니 그 앞을 지나갔다. 사방을 두리번거리며 서 있는 그 아주머니의 오묘한 표정을 아주 가까이에서 훔쳐보는 일은 멀리서 들킬까 봐 몰래 지켜보는 일보다 훨씬 짜릿했다. 그러니 거기서 만족했다면 우리의 그 작전은 노르망디상륙작전이나 인천상륙작전 못지않게 우리 동네에서 두고두고 전설처럼 전해졌을 것이다.

그때 돌발 상황이 벌어졌다. 복남이가 조금 전의 약속을 깨고 그 아주머니를 빤히 쳐다보며 눈치를 살피는 것 아닌가. 그냥 지나가는 것만으로도 그 아주머니는 우리를 향해 의심의 눈길을 보냈을 텐데, 뭔가 켕기는 듯한 눈과 마주치기까지 했으니 한껏 쌍심지를 켜고 우리에게 강력한 의혹의 레이저를 쏘아댔다. 하지만 우리가 초인종을 눌렀다는 아무런 물증이 없었으니 거기까지도 괜찮았다. 문제는 그다음이었다.

"우리가 안 그랬어요." 맙소사, 복남이 입에서 그 문제의 발언이 터져 나왔다. 그는 자신의 의도와 달리 우리가 범인이라는 빼박 증거를 넙죽 갖다 바친 셈이다. "영구 없다"와 다를 바 없는, 영구 같은 바보나 하는 뻘짓이었다. 복남이에게는 이름처럼 복은 좀 있는지 몰라도 지혜는 1도 없는 듯했다.

그다음부터는 생각하고 싶지도 않은 일이 벌어졌다. 그 아주머니는 우리에게 별별 욕을 다 쏟아부었고, 심지어 며칠 전 도둑맞은 일까지 우리에게 덤터기를 씌우면서 파출소로 끌고 가겠다며 으름장을 놓았다. 우리는 작전 실패로 인한 참담함과 부랑아쯤으로 취급당하는 굴욕감 그리고 범죄자로 몰린 억울함까지 떠안은 채 그곳을 부리나케 도망쳐 왔다. 무참하고 처절한 패퇴였다. 나는 그 후 복남이의 우둔함에 대한 실망과 엉뚱한 제안을 끝까지 거부하지 못한 자책으로 그 친구들과 오랫동안 어울리지 않았다. 그때의 충격이 워낙 커서였겠지만, 그 이후로 그 실패한 놀이를 한 기억도 없다.

"쥴리 할 시간이 없다"는 자승자박의 표현

이제 다시 "쥴리 할 시간이 없었다"라는 김건희 씨의 말로 돌아가 보자. 쥴리로 의심받는 김건희 씨의 그 말은 영구(심형래)의 "영구 없다"나 복남이의 "우리가 안 그랬다"라는 말과 동일한 의미구조를 갖는 자승자박의 표현이라는 게 나의 판단이다. 자신이 진정 쥴리가 아니라면 생소하거나 어색함을 넘어 불쾌하게 여겨야 할 금시초문의 그 이름을 익숙한 듯 자연스럽게 콕 짚어가며 거명까지 한다는 건, 자신이 쥴리가 아니라는 강변에도 불구하고 결국 자신이 곧 쥴리라는 고백일 가능성이 크다. 그런 점에서 자승자박의 표현이라는 얘기다. "쥴리 할 시간이 없다"라는 말은 내 귀에 "내가 쥴리다"와 똑같은 뜻으로 들린다.

앞의 두 말 역시 자승자박인 이유는 이미 많은 사람이 느끼고 있는 바와 같다. 영구의 "영구 없다"라는 말은 화자가 상대방 눈앞에 굳이 나타나서는 자신이 없다고 말한다는 점에서 자승자박의 표현이고, 복남이의 "우리가 안 그랬다"라는 말은 그런 일이 벌어진 사실을 안다는 것 자체가 그 일을 했다는 빼박증거라는 점에서 자승자박의 표현이다.

이처럼 그 세 표현은 각각 다른 내용을 담고 있지만, 한 겹 더 들어가 보면 똑같은 하나의 의미구조로 수렴된다. 그 말을 하는 것 자체가 거짓말이 되는, 다시 말해 존재나 행위를 부정하는 것 자체가 이를 시인하는 결과를 낳는, 그래서 결국 자기모순과 자가당착으로 귀결되는 자승자박의 효과를 낳는 표현이라는 것이다. 내가 김건희 씨의 말을 들으며 영구의 말과 복남이의 말을 동일선상에 놓고 떠올린 이유가 바로 여기에 있다.

"영구 없다"라는 말은 전 국민의 폭소를 자아냈고 "우리가 안 그랬다"라는 말은 '우리'에게 모멸감을 안겨주었다. 그렇다면 "쥴리 할 시간이 없었다"라는 말은 누구에게 어떤 결과를 가져다줄까?

광장에서 지켜본
도돌이표 역사

　어리바리한 촌뜨기가 대학 신입생이 되어 맞은 첫 계절이 바로 '서울의 봄'이었다. 캠퍼스는 꿈틀댔고 그 기운이 교문 밖으로 퍼져나갔다. 5월 13일이 되자, 군부의 심상치 않은 움직임을 감지한 선배들이 앞장서 교문을 나섰다. 나도 얼떨결에 휩쓸려 신촌 로터리까지 나갔다가 운 나쁘게 사복형사들에게 잡혔다. 신촌 로터리는 내가 처음 만난 '광장'이었다.

　서대문경찰서 유치장에서 하루를 잤는데, 다행히 큰 봉변 없이 다음 날 풀려났다. 15일, 좋지 않은 몸 상태에도 서울의 대학생들이 모인다는 서울역 앞으로 나갔다. 발 디딜 틈 없이 모인 대학생들이 갑자기 무슨 이유에서인지 각 학교로 돌아갔다. 이른바 '서울역 회군'이었다. 서울역 앞은 내가 만난 두 번째 '광장'이었다. 그러고 나서 곧바로 5.17 계엄 확대와 5.18 광주가

터졌다. 그다음에는 나의 회색빛 대학생활과 힘겨운 사회생활이 이어졌다.

광주의 실상을 알리는 시국선언문이 뿌려지던 '도서관 앞 광장', 이한열 열사 영결식이 열린 '시청 앞 광장', 광우병 촛불집회와 박근혜 탄핵 촛불집회가 열린 '광화문 광장', 윤석열 탄핵 촉구 집회가 열린 '여의도 광장'과 파면 촉구 범국민 대회가 열린 '안국동 광장' 등 우리 현대사를 증언하는 중요한 그 광장에 나는 빠지지 않았다. 살짝 숟가락을 얹은 정도긴 하지만(광주의 도청 앞 광장은 스쳐 지나갔을 뿐이니 가봤다고 할 수는 없다).

> 계엄과 탄핵의 나날 속에서/새벽에 국회의사당으로 달려간 시민들에 의해서/추위를 뚫고 걸어서 대교를 건넌 발길들에 의해서/여의도는 더이상 섬이 아니게 되었다/잃어버린 광장의 기억이 조금씩 되살아나기 시작했다./ (중략) /공원은 다시 광장이 되었다. – 나희덕, 〈광장의 재발견〉 중에서

큰일이 있을 때마다 차가 다니고 사람들이 오가던 드넓은 생활공간은 이내 광장으로 바뀌었다.

국난이 있을 때마다 이상한 힘을 발휘하는 국민

많은 사람이 광장에서 이뤄진 3.1운동, 4.19혁명, 5.18민주화운동, 6월 민주항쟁, 2016년 촛불 혁명, 2025년 빛의 혁명을

나라에 큰일이 있을 때마다 드넓은 생활공간은 광장으로 바뀌었다.

자랑스러운 역사로 여긴다. "우리 국민은 불의가 있을 때마다 분연히 일어나"라는 말을 누구든 귀에 못이 박히도록 들었을 것이다. 헌법 전문에도 "3.1운동으로 건립된 대한민국임시정부의 법통과 불의에 항거한 4.19 민주 이념을 계승하고"라고 명시되어 있다. 이 문장에 5.18민주화운동 정신과 6월 민주항쟁 정신을 포함해야 한다는 의견이 많은 힘을 얻고 있다. 언젠가는 이번 12.3 내란에 항거한 '빛의 혁명'을 넣자는 여론도 만들어질 것이다. 어쨌든 우리는 역사의 고비 고비를 그렇게 광장에서 민중항쟁으로 이겨냈다.

하지만 나는 우리의 그런 근현대사를 생각하면 자랑스럽기 전에 서글퍼진다. 민중항쟁이 없었다면 우리의 역사는 틀림없이 무척 초라해졌을 것이지만, 그렇다고 그게 과연 자랑스럽기만 한 일일까? 문단속을 잘못해 집에 강도가 들었고 어쩔 수 없이 온 가족이 합심해 피를 흘려가며 그 강도를 잡았다면, 자랑스럽다고 우쭐하기 전에 허탈하거나 서글픈 감정이 들어야 자연스럽지 않을까? 경찰이 뒤늦게 나타나 '자랑스러운 시민상'을 주겠다면 얼떨결에 받기는 하겠지만 말이다.

우리 역사가 꼭 그렇다. 어리석거나 사악한 위정자의 폭정을 민초들이 엄청난 희생을 치러가며 바로잡았던 건 분명한 사실이다. 그런데 그렇게 어렵사리 하나의 역사적 사건을 수행한 다음 그 성과 위에서 다음 역사를 이어가면 좋은데, 이전 성과는 온데간데없이 엄청난 희생을 치러야 해결될 장벽이 도돌이표처럼 나타나는 악순환이 반복되었다. 영화 〈하얼빈〉에서 이토 히로부미는 그 점을 궁금히 여기며 이렇게 말한다. "조선이란 나라는 어리석은 왕과 부패한 유생들이 지배해 온 나라지만 저 나라 백성들이 제일 골칫거리야. 받은 것도 없으면서 국난이 있을 때마다 이상한 힘을 발휘한단 말이지." 내 귀에는 우리 역사에 대한 조롱으로 들린다. 그래서 더 서글프다.

직접민주주의가 대의민주주의를 바로잡아 온 역사

시민 혁명을 주도했던 부르주아 계급과 사상가들은 민주주의를 두려워했다. 그들은 보통 사람들이 나라의 주인이 되면 자신들의 재산권이 부정될 수 있다고 생각했다. 이른바 '다수의 폭정'에 대한 공포였다. 하지만 19세기 자본주의가 발전하면서 민주주의라는 흐름을 막기 어렵다는 것을 깨닫는다. 결국 이들은 자신들의 재산권을 지키는 선에서 민주주의와 타협하기로 결정한다. 그 결과 탄생한 것이 바로 '자유민주' '대의민주' 등 민주주의 앞에 여러 수식어를 붙인 개념들이다.

중국의 정치학자 왕사오광 교수는 《민주사강民主四講》에서 이런 수식어들이 민주주의를 제한하는 역할을 한다고 지적한다. 그는 "수식어가 민주주의라는 말보다 더 중요해졌다"라고 말하며, 특히 '자유민주'를 '새장 속 민주주의'라고 비판한다. '자유'가 '민주'보다 우선시되면서 민주주의의 본질을 훼손한다는 것이다.

왕사오광 교수는 대의민주주의 역시 참여가 사라진 민주주의라고 주장한다. 국민이 국가 운영에 직접 참여한다는 민주주의의 핵심 이념이 흐릿해지고, 참여는 4~5년에 한 번 투표하는 간헐적 행위로 축소되었다는 것이다. 그는 많은 사람이 대의제를 간접민주주의의 한 형태로 생각하지만, 실제로는 다르다고 강조한다. 민중의 직접적 참여가 사라지는 순간 민주주의는 본질을 잃고 비민주적이며 반민주적인 체제로 전락할 수 있다는 것이 그의 견해다.

이 견해에 따른다면, 우리의 근현대사는 그렇게 부실하기 짝이 없는 사이비 민주주의(대의민주주의)의 폐해를 제대로 된 민주주의(직접민주주의)가 바로잡아 온 역사라고 할 수 있다. 속되게 말하면 대의민주주의가 싸질러 놓은 배설물을 직접민주주의가 치워온 역사였다. 12.3 내란의 그 더럽고 냄새나는 배설물도 민초들이 나서서 치워야 한다. 우리는 각자의 자원과 노력을 동원해 가며, 나라를 잘 이끌어달라고 권력과 자원을 몰아준 자들이 저지른 패악질의 뒤처리를 언제까지 맡아야 하나. 그 과정에서 수많은 인명이 희생되기도 했다. 그게 꼭 자랑스럽기만 한 일일까?

영세사람
이야기

　　지금도 나는 누가 고향을 물으면 난감해지곤 한다. 고향의 사전적 의미는 ①자기가 태어나서 자란 곳, ②조상 대대로 살아온 곳, ③마음속에 깊이 간직한 그립고 정든 곳이다. 내 경우 자란 곳은 태어난 곳과 다를 뿐 아니라 여러 곳이며, 조상 대대로 살아온 곳은 있지만 거기서 단 하루도 산 적이 없고, ③과 같이 애틋하게 생각하는 곳은 아예 없다. 그러니 사전에서 정한 기준에 따른다면 고향이 없다고 해야 맞다. 다만 사전에서 말하는 의미를 넓혀서 '어린 시절 제법 오랜 기간을 지내면서 추억을 쌓은 곳' 정도로 해석한다면 대답할 곳이 있긴 하다. 실은 고향이라기보다 성장지라고 말하는 편이 더 정확하겠지만 말이다.

　　그곳, 다른 글들에서 그저 '지방 소도시'로 표현하는 나의 고향, 아니 나의 성장지는 바로 강릉이다. 그래서 누가 고향을 물으면 멈칫멈칫하면서도 대개는 강릉이라고 답해왔다. 지금은 서울에서 KTX로 한 시간 반이면 갈 수 있지만, 태백산맥에 막혀 오랫동안 교통과 통신이 원활하지 못했던 곳이다. 내가 일곱 살이 되던 해 이른 봄, 우리 가족은 평창읍에서 이삼십 리 떨어진 산골 마을에서 강릉으로 이사를 했다(행정구역상 평창군과 강릉시는 바로 붙어 있다). 거기서 초·중·고등학교를 마칠 때까지 딱 12년을 살았다. 《우리를 배반한 근대》 서문에서 이사할 당시를 이렇게 회고한 바 있다.

> 고개를 넘으니 근대였다. 시공을 넘나드는 타임머신을 탔다면 모를까, 어떤 공간을 지나니 새로운 시간이 나타났다고 하면 좀 이상하게 들릴지도 모르겠다. (중략) 평창은 전근대 농촌을 벗어나지 못했지만, 강릉은 도심지를 중심으로 근대적 풍모를 제법 갖춘 도시였다. (중략) 요즘이야 차로 한 시간도 안 걸리지만, 당시에는 아흔아홉 구비라는 별명이 붙을 만큼 심하게 비탈진 비포장도로를 따라 한나절쯤 걸리는 거리였다. 나는 전근대에서 불과 네댓 시간 만에 근대로 진입했던 셈이다.

강릉의 이방인, '영세 사람'

갓 이사 온 우리 가족은 '영세 사람'이라 불렸다. 여기서 '영세 사람'이란 강릉 토박이들이 대관령 서쪽, 곧 영서嶺西 지방 출신을 낮춰 부르는 말이었다. 'ㅓ'를 'ㅔ'로 발음하는 현상은

'먹이다'를 '멕이다'로 발음하는 경우처럼 중부 지방 방언에서 종종 나타나지만, '영세'라는 표현은 단순한 방언 표기가 아니었다. 겉으로는 '영서'의 변형처럼 보이지만, 실제로는 "살림이 보잘것없고 몹시 가난하다"는 뜻의 '영세零細'를 의도적으로 겹쳐 쓴 것이다. 결국 '영세 사람'이란 영서 지방 사람을 비하하며 보잘것없는 존재로 깔보는 태도를 담은 말이었다.

타지에서 보면 영서나 영동이나, 더군다나 지금은 한 시간 거리도 안 되는 평창이나 강릉이나 다 거기서 거기, 도긴개긴 아닌가. 그런데 그 좁은 공간에 다시 칸막이를 친 것이다. 그런데 그 정도는 약과다. 강릉 시내에 사는 본토박이들은 주문진, 사천, 정동진, 옥계 등 변두리에 사는 사람들을 향해 같은 강릉 사람인데도 어쭙잖은 텃세를 시전하기 일쑤였다.

모르긴 몰라도 '영세 사람'에 대한 텃세는 모질었다. 부모님이나 형·누나들이 어린 나에게 일일이 말해주지 않아서 그렇지, 그 예상치 못한 텃세에 적지 않은 상처를 받았다고 나는 지금껏 믿고 있다. 내 기억 상자를 탈탈 털어보면 텃세로 의심되는 몇몇 흔적들이 남아 있다. 이사 후 처음 셋방을 내준 주인집 아주머니가 어머니에게 큰소리로 타박했던 일(어쩌면 '영세 사람'이라는 말을 그때 그 아주머니에게서 처음 들었을지도 모른다), 주인집 딸내미가 자신과 동갑내기인 내 누나를 본체만체 외면했던 일 그리고 몇 달 만에 그 집을 나와 다른 셋방을 찾아갔던 일 등. 나로서는 그런 일들이 벌어진 이유가 텃세였다고밖에 달리 추측할 길이 없다.

가족은 '강릉살이'에 아직 적응하지 못한 첫 일이 년 동안 텃세에 더 자주 시달렸을 것이다. 그래도 착한 우리 가족은 그런 대접을 통과제의라 믿고 대체로 순응하면서 그곳 생활에 서서히 적응해갔던 것 같다. 그 와중에도 나는 초등학교 1학년 때 만난 토박이 친구와 단짝이 되었고 지금껏 기쁘게 교류하고 있으니, 텃세란 어디까지나 어른들이나 형·누나들의 소관 사항인지도 모른다.

통일신라시대에도 대단했던 강릉 토호의 위세

신라의 진골 귀족 순정공純貞公이 강릉 태수로 부임하는 중 점심을 먹고 있는데 갑자기 바다에서 용이 나와 부인(수로부인)을 납치해 갔다. 순정공이 어쩔 줄 몰라 당황하고 있을 때 한 노인이 나타나, 백성들을 모아 노래를 지어 부르면서 막대기로 언덕을 두드리면 부인을 구할 수 있다고 조언했다. 순정공이 그 말을 따르자 용이 다시 나와 부인을 되돌려 주었다.

《삼국유사》 권2 〈기이편〉 '수로부인 조水路夫人條'에 나오는 내용이다. 여기서 백성들이 불렀다는 노래는 "거북아, 거북아, 수로를 내놓아라"로 시작되는 〈해가海歌〉다. 이 이야기에서 용을 어떻게 해석하느냐가 중요하다. 여러 견해가 있지만 용은 강릉

지방의 토호세력을 상징한다는 해석이 가장 흥미를 끈다. 소설가 엄광용은 "용과 신물도 반한 절세미인, 수로부인"이라는 글에서 이렇게 설명한다.

> 지방호족은 부富를 축적하고 사병私兵을 거느리고 있어 지방관들도 함부로 건드리기 어려운 존재라고 할 수 있다. (중략) 순정공이 강릉 태수로 부임하는 걸 알면서도 지방호족으로 짐작되는 '용'이 반역의 뜻을 품고 경거망동하기 때문에, 백성들의 시위를 통해 그 작태를 멈추게 하려는 의도가 숨어 있다고 생각된다.

강릉은 지금도 3대 이상 거주하는 토박이 비율이 70% 이상인 지역으로, 토호들의 힘이 막강하기로는 전국에서도 몇 손가락 안에 꼽히는 지역이다. 앞에서 본 수로부인 이야기에서 용이 토호세력을 상징한다는 견해를 받아들인다면, 강릉 토호의 위세는 오래전부터 대단했던 것으로 보인다.

강력한 토호세력은 오랫동안 정치적 보수성을 낳았다. 이는 해방 이후 거의 모든 선거에서 보수 계열 후보가 승리하는 결과로 이어졌다. 2000년대 이후만 보더라도 토호세력을 등에 업었을 뿐 아니라 스스로가 토호인 극우 성향의 인사가 국회의원에 내리 다섯 번이나 당선될 만큼 보수의 뿌리는 TK(대구·경북) 못지않게 깊다.

하지만 조선시대 역사에서 가장 진보적인 인물 중 네 명이 강릉과 인연을 맺고 있다는 사실을 알게 된다면, 강릉이 뿌리 깊은 보수의 고장이라는 평가는 대번에 무색해진다. 최초의 한글 소설 《홍길동전》의 저자로 조선 신분제도의 모순을 비판하며 역모를 도모하다 능지처참형을 당한 교산 허균(1569~1618년), 최초의 한문 소설 《금오신화》의 저자로 단종 폐위에 맞서 세조와 맞장 뜬 생육신 매월당 김시습(1435~1493년) 그리고 율곡 이이의 어머니로 당당하게 가부장적 권위에 맞서고 빼어난 회화작품을 남긴 신사임당(1504~1551년), 허균의 누이로 남존여비 사상에 저항했고 시인으로서 중국에까지 문명을 떨친 허난설헌(1563~1589년)이 모두 강릉 출신이다.

조선의 대표적 여성 예술가로 개성적 삶을 산 두 사람이 모두 강릉 출신이라는 점은 이미 잘 알려져 있다. 이 두 여인은 가부장적 사회질서를 거슬러, 그림과 시로 당대의 약자인 여성으로서 당당하게 자신의 존재감을 드러낸 인물들이다. 하지만 우리 문학사 최초로 소설이라는 장르를 창조한 두 인물(김시습과 허균)이 모두 강릉 출신이라는 점은 별로 주목받은 적이 없는 듯하다. 허균은 강릉 초당마을에서 태어나 누이 난설헌과 함께 어린 시절을 강릉에서 보냈다. 김시습은 본관이 강릉으로, 전국을 유랑하는 동안 강릉에 자주 머물렀으며 강릉의 자연을 노래한 많은 시를 쓰기도 했다.

우리 문학사 최초의 소설가는 강릉 출신 김시습과 허균

소설은 근·현대에 탄생한 문학 장르다. 헝가리의 문예 사상가 게오르크 루카치는 《소설의 이론》에서 "세계문학상에 나타난 최초의 위대한 소설은, 바야흐로 기독교적 신이 세계를 떠나려고 했던 시대의 문턱에서 태어난 것"이며, "현대의 서사 형식인 소설은 이미 선험적 좌표와 형이상학적 고향을 상실하고 서사시적 총체성의 세계를 다시 찾으려는 고독한 현대인의 영혼이 직면하고 있는 역사철학적 상황의 산물"이라고 강조했다.

또한 국문학자 조동일 교수는 《한국 소설의 이론》에서 "중세적 질서가 위기에 처하는 현상은 17세기 이후 일반화되는데, 소설이 본격적으로 나타나는 것도 이 시기다. 소설에서 전개되는 자아와 세계의 상호 우위에 입각한 대결은 중세적 질서의 위기 및 근대적 가치의 추구라는 전반적인 추세 속에서 이해될 수 있는 것이다"라고 전제한 다음, 김시습과 허균이 소설이라는 장르를 창조한 이유를 다음과 같이 설명했다.

> 김시습과 허균은 중세적 질서에 부딪혀 이를 거부하지 않을 수 없는 자아의식을 최초로 심각하게 느낀 선구자이다. (중략) 사회적 모순을 드러낸 것 이상으로 이념에 대한 적극적인 비판을 했으므로 자아와 세계의 서로 용납할 수 없는 관계는 심각하게 되지 않을 수 없었고, (중략) 소설이라는 새로운 장르를 불가피하게 요청했다.

강원도 강릉에 있는 허균·허난설헌 생가 정문.

요컨대 중세 사회의 모순에 대한 적극적인 비판 의식이 소설이라는 새로운 장르를 낳았다는 것이다. '강릉 사람' 김시습과 허균은 단순한 저항인이 아니라, 이처럼 시대의 모순을 온몸으로 떠안은 비판적 창조자였다.

김시습과 허균 그리고 신사임당과 허난설헌. 이들의 공통점은 조선왕조를 유지하던 보수 기득권과 이념에 실천적으로 저항한, 근대정신의 소유자였다는 점이다. 생각할수록 신기한 일이다. 조선왕조를 대표하는 단 두 명의 여류 예술가와 우리나라 최초로 소설(한문 소설과 한글 소설)을 지은 단 두 명의 문인이 모두 강릉 출신이라니!

하지만 지금 내 눈에 보이는 강릉은 김시습과 허균의 비판적 사상도, 신사임당과 허난설헌의 빼어난 예술혼도 희미한 흔적으로만 남아 있는 고장이 된 것 같아 안타깝다(이들 네 인물 중 신사임당을 빼고는 모두 불행한 최후를 맞이했다는 점도 그 위대한 계보를 잇지 못하게 된 이유일지 모른다). 토박이들은 여전히 영동과 영서를 구분하고, 시내와 변두리를 가르고, 터줏대감인 자신들과 뜨내기들을 나누고, 때로는 지역 출신 고등학교로 선을 긋고 있지 않은가. 지역 출신 권력자에게 줄을 서서 청탁하고, 그가 그 청탁을 부정한 방식으로 들어줘도 박수를 치지 않았던가.

아직도 내 기억 상자 속에는 50여 년 전 영세사람이라고 무시당하던 어머니의 슬픈 뒷모습이 고이 간직되어 있다. 그러나 또한 내 희망 수첩 속에는 김시습과 허균 그리고 신사임당과 허난설헌의 시대를 앞선 성취가 굵은 글씨로 적혀 있다. 강릉 사람의 피 속에 흐르는 그 비판적 창조성이 이 격변의 AI시대에 다시 살아나기를 기대한다.

2장

달콤쌉싸름한 특권의 맛

개념의 기억록

달콤쌉싸름한
특권의 맛

 초등학교 5학년 때였다. 요즘에는 흔히 '반장'이라 부르지만, 그때는 '급장'이라고 했다. 나는 방과 후 친구 한두 명과 급장 집에 자주 놀러 가곤 했다. 텔레비전을 비롯해 재미있는 것이 많았기 때문이다. 어느 날, 한참을 놀다 보니 그날따라 많았던 숙제가 마음에 걸렸다. 그만 가겠다고 했더니, 급장이 뜻밖의 제안을 했다. 내일 자신이 숙제 검사를 할 때 아무도 모르게 눈감아 주겠다는 것이었다. 숙제를 안 해도 되니 더 놀자는 그 달콤한 유혹에 나는 쉽게 넘어가고 말았다.

 다음 날, 야구부를 지도하느라 바쁜 선생님을 대신해 예상대로 급장이 숙제를 검사하게 되었다. 그는 급우들의 공책을 일일이 살펴보며 숙제를 해오지 않은 사람의 이름을 적었다. 내 차례가 왔을 때는 내 공책을 살펴보는 척하다가 약속대로 그냥 지나쳐 갔다. 나는 잠시 긴장했지만 이내 안도의 한숨을 내쉬었다. 얼마 후 들어온 선생님에게 숙제 안 한 급우들의 명단이 전해졌고, 선생님은 자신의 직무 유기를 벌충이라도 하듯 그 급우들을 향해 과도한 체벌을 행사했다.

그런데 그때 나를 돌아보며 야릇한 미소를 보내던 한 급우가 있었다. 그는 필시 급장과 나의 부당한 협잡을 눈치 챈 듯했다. 그가 만약 선생님에게 그 사실을 일러바치면, 그래서 선생님이 느닷없이 숙제 검사를 다시 한다면 어떻게 되었을까. 모르긴 몰라도 숙제를 안 한 다른 급우들보다 두세 배 더 심한 곤욕을 치르지 않았을까.

이런 생각이 들자, 그때 내가 누린 특권이 얼마나 부실한 전제 위에 서 있었는지 깨달았다. 그 급우의 미소를 보는 순간, 내 감정은 특권의 화려한 마차에 올라탄 오만함과 과도한 체벌을 가까스로 모면한 안도감 사이를 오가며 몹시 흔들린 것이다. 그 이후에도 그 오묘한 감정에서 오랫동안 헤어나지 못했던 것으로 기억한다. 그 사건을 통해 특권을 통해 누릴 수 있는 달콤한 혜택과 함께, 특권에는 그로 인해 초래될 쓰디쓴 결말도 따라올 수 있다는 걸 알게 되었다.

프랑스혁명 때 기만의 언어였던 '법 앞의 평등'

2023년, 한 전직 검사가 50억 원의 뇌물 혐의에 대해 무죄를 선고받았다. 이른바 '50억 클럽 무죄' 판결이다. 이 사건은

800원을 횡령했다는 이유로 해고가 정당하다는 판결을 받았던 버스 기사의 사례와 비교되며 '법 앞의 평등'이 과연 존재하는지에 대한 국민적 공분을 샀다. '유전무죄 무전유죄' '유검무죄 무검유죄' 같은 말들이 사회에 만연한 것도 이 때문이다. 과연 이 원칙은 언제부터 의심받게 된 걸까?

'법 앞의 평등'은 대한민국 헌법 제11조 1항에 명시된 민주공화국의 상징과도 같은 원칙이다. 하지만 "법은 만인에게 평등한 것이 아니라 만 명에게만 평등하다"라는 비아냥처럼, 이 용어에는 뭔가 수상쩍은 구석이 숨어 있다.

프랑스혁명사의 세계적 권위자 알베르 소불은 그의 대표작《프랑스 혁명사》와《프랑스 대혁명》에서 '법 앞의 평등'이 프랑스혁명 당시 처음 등장했을 때부터 이미 기만적인 언어였다고 지적한다. 이를 이해하기 위해서는 당시 혁명을 주도했던 부르주아 계급의 복잡한 입장을 살펴볼 필요가 있다.

부르주아는 자신들의 재산과 자유를 지키기 위해 귀족의 특권을 없애려 했다. 하지만 그들만의 힘으로는 한계가 있었기에 인구의 97% 정도를 차지하는 민중의 도움이 절실했다. 이에 부르주아는 민중의 참여를 유도하면서도 혁명의 과실을 자신들만 독점하려는 딜레마에 빠졌다.

부르주아는 이 딜레마를 해결하기 위해 〈인권선언〉에 교묘한 장치를 숨겨두었다. '법 앞의 평등'을 명시한 제6조에 "능력, 덕성, 재능에 따른 차별 이외에는"이라는 단서를 달아놓은

20세기 초 유럽 부르주아의 모습.

것이다. 이는 겉으로는 평등을 내세웠지만, 실제로는 능력과 재능이 부족하다고 여겨진 민중을 배제하려는 의도였다. '법 앞의 평등'은 부르주아 계급의 이익을 위한 명분에 불과했던 셈이다. 〈인권선언〉(인간과 시민의 권리선언) 제6조는 "모든 시민은 법 앞에 평등하므로 그 능력에 따라서, 그리고 덕성과 재능에 의한 차별 이외에는 평등하게 공적인 위계, 지위, 직무 등에 취임할 수 있다"라고 되어 있다.

이런 제약 조건은 다른 조항에도 숨어 있다. 〈인권선언〉 제1조의 "오직 공동의 유용성에 입각할 때만"과 제13조의 "능력에 따라" 같은 표현은 평등한 세상을 약속하는 듯 보이지만 실제로는 '해석 권력'을 가진 이들이 민중을 통제할 수 있는 길을 열어두었다.

당시 부르주아를 대변했던 미라보 백작조차 이 제약 조건들이 자유를 속박으로 만들었다고 비판했을 정도다. 그는 "이런 주의·제약·조건들은 거의 도처에서 권리를 의무로, 자유를 속박으로 대체하고 여러 측면에서 입법의 가장 거추장스러운 부분까지 잠식하여 인간을 자연 상태의 자연스러운 존재가 아니라 국가와 사회에 속박된 존재로 만들었다"라며 지적했다. 당시 가장 많은 독자를 확보했던 신문 〈파리의 혁명〉의 편집인 엘리제 루스탈로 귀족정에 고용된 사람들이 일찌감치 인기의 가면을 쓰고 새로운 귀족정을 만들어 내고 있다며 기만적인 〈인권선언〉을 비판했다고 한다.

결론적으로 프랑스혁명은 특권의 주인이 귀족에서 부르주아로 바뀐 사건이었다. 부르주아는 1795년에 채택한 헌법에서 재산이 있는 사람에게만 투표권을 부여하고, 노동자들의 파업을 금지하며 자신들의 특권을 노골적으로 드러냈다.

따라서 '법 앞의 평등'이라는 말은 태어날 때부터 "돈 있고 힘 있는 자에게만 평등하다"라는 운명을 안고 있었던 셈이다. 이처럼 '법 앞의 평등'은 오늘날까지도 사회의 불평등을 여실히 보여주는 불편한 진실을 담고 있다.

특권과 '법 앞의 평등' 사이에서 갈등하는 현대인

> 노예들을 방석 대신 깔고 앉는/옛 모로코의 왕이 나오는 영화를 보고 돌아온 날 밤/나는 잠을 못 잤다. 노예들의 불쌍한 모습에 동정이 가다가도/사람을 깔고 앉는다는 야릇한 쾌감으로 나는 흥분이 되었다./ (중략) /노예들이 겪어야 하는 원인 모를 고통에 분노하는 척해보다가도/은근히 왕이 되고 싶어 하는 나 자신에게 화가 치밀었다.

마광수 교수는 〈왜 나는 순수한 민주주의에 몰두하지 못할까〉라는 시에서 법 앞의 평등과 특권 사이에서 갈등을 겪고 있는 현대인의 혼란스러운 심정을 이처럼 솔직하게 드러낸 바 있다. 이는 단순히 윤리적이고 규범적인 판단을 넘어서는 고도의 실존적 문제일 것이다. 어쨌든 자유와 평등과 인권이 강조되는 이 시대에도 특권을 원하는 인간이 존재한다는 것은 분명한 사실이다. 특권에 대한 열망은 시대를 초월한 인간의 본성인지도 모른다.

초등학교 5학년 때의 어느 날, 나의 뒷배였던 급장이 숙제 검사를 하던 그 교실로 돌아가 보자.

나는 급장의 최측근으로서 모든 급우에게 적용되어야 할 숙제의 의무로부터 면제되었던 것인데, 그때 내가 잠시나마 누렸던 것이 바로 소수의 계층에게만 적용되는 특별한 권리, 곧 특권이었다. 내가 그날 그 교실에서 배운 것은 특권을 추구하기보다 그것 없는 삶을 택하는 편이 훨씬 자유롭다는 사실이었다. 그 이후 사회생활을 하면서 나는 스스로 특권을 누리려고도, 그 누구에게 특권을 주려고도 하지 않았다. 이는 특권의 쓰디쓴 결말에 대한 두려움 때문이기도 하지만 무엇보다 특권 없는 삶이 훨씬 더 자유롭다고 믿었기 때문이다.

'일할 능력'과
'일하지 않을 용기'

　1966년은 '일하는 해'였다. "올해는 일하는 해, 모두 나서라. 일하는 팔다리에 김이 솟는다." 강원도 산골 마을에 살던 어린 시절, 봄부터 학교 스피커에서 아침마다 울려 퍼지던 '일하는 해 노래'를 아직도 생생히 기억한다. 그해 벽두에 발표된 신년사에서 당시 박정희 대통령은 "나는 여기서 다시 올해를 '일하는 해'로 정하고 근면과 검소와 저축을 다시 우리의 행동강령으로 삼아, 증산·수출·건설에 총매진할 것을 모든 국민에게 호소하고자 합니다"라고 말했다.

　그로부터 60여 년이 지나는 동안 세상은 많이 변했다. 일하기를 강권하는 계몽가요나 대통령 담화가 없어도 사람들은 그 누구의 호소나 강요 없이 스스로 일자리를 찾아 저마다 열심히 일하고 있다. 60년 전에는 일할 의욕을 북돋우는 것이 중요했지만, 지금은 넘치는 의욕을 가진 사람들에게 일할 기회를 제공하는 것이 중요해졌다.

수년 전 고등학교 동기 송년 모임에 갔을 때의 일이다. 각자 돌아가면서 간단하게 근황을 말하는 순서가 있었다. 대부분은 자기가 직장에서 얼마나 높은 자리에 있는지, 사업이 얼마나 잘 되는지, 재테크 성과가 얼마나 좋은지 따위의 세속적인 출세의 잣대로 자신의 근황을 전했다. 몇몇 친구는 출세의 기준에 못 미쳐서 미안하다는 듯이 마치 벌서는 자세로 쭈뼛쭈뼛 말했다. 그들의 얘기인즉슨 내년에는 반드시 임원으로 승진해서, 큰 프로젝트를 따와서, 주식 종목이나 상승지역을 잘 골라서 출세 대열에 서겠다는 거였다. 나는 뜨악했다. 그 친구들에게는 미안한 표현이지만, 마치 오래된 승용차가 언덕을 오르면서 그렁그렁거리며 용을 쓰는 듯했다.

그때 문득 떠오른 시가 있었으니, 바로 '오리아 마운틴 드리머'가 쓴 〈초대〉였다. 《사랑하라, 한 번도 상처받지 않은 것처럼》이라는 시집에서 보고 어딘가에 메모해 둔 시였다. 나는 부리나케 스마트폰으로 검색해서 그 시를 확인하고는 순서를 기다렸다. 마침내 내 차례가 되자 다짜고짜 그 시의 첫 대목을 읊었다.

당신이 생존을 위해 무엇을 하는가는
내게 중요하지 않다.

당신이 무엇 때문에 고민하고 있고,
자신의 가슴이 원하는 것을 이루기 위해
어떤 꿈을 간직하고 있는가 나는 알고 싶다.

친구들은 웅성거렸다. 나를 잘 모르는 친구는 생뚱맞다는 내색을 했고, 나를 어느 정도 아는 친구는 "쟤는 아직도 저렇게 사네" 하는 표정으로 나를 바라보았다. 그 이후 동기 모임에 가지 않기로 작정하면서 왜 그들이 〈초대〉의 시인이 알고 싶어 하는 답을 내놓을 수 없게 되었는지 찬찬히 살펴보기로 했다.

노동시간 단축? 케인스와 러셀의 실패한 예언

카를 마르크스는 1845년 무렵 집필한 《독일 이데올로기》에서 노동에서 해방된 자유로운 인간의 이상적인 모습을 제시한 바 있다. 이 책에서 그는 이상적인 사회인 공산주의 사회가 되면 "아침에는 사냥하고 점심에는 낚시하고 저녁에는 소를 돌보고 저녁을 먹은 후에는 비평을 한다"라고 말했다. 그는 그때가 되면 단순히 여가생활을 즐기는 것을 넘어 인간이 사회적 생산활동에 얽매이지 않고 자신의 주체적인 삶을 온전히 회복할 수 있다고 본 것이다. 그러나 그의 이론을 기반으로 추진된 공산주의 실험들은 그가 예상했던 바와는 다른 형태로 전개되며 결국 역사적 실패로 귀결되었다.

마르크스가 그린 미래의 삶을 두고 자본주의에 가장 비판

세계적인 경제학자 존 메이너드 케인스(1883~1946).

적인 이론가가 꿈꾼 이상향일 뿐이라고 깎아내릴 수 있다. 하지만 그로부터 거의 1세기가 지난 뒤 자본주의가 승승장구하던 시기에, 자본주의를 신뢰하는 세계적인 석학이 그와 비슷한 맥락의 발언을 했다면 얘기는 달라진다.

경제학자 존 메이너드 케인스는 1930년 한 강연에서 〈우리 손주들을 위한 경제학적 예측〉이라는 자신의 논문을 소개했다. 여기서 그는 "100년 내로 경제적 문제는 해결될 수 있거나 적어도 해결 방법이 보일 것"이라면서 2030년까지 평균 노동시간은 주 15시간이 되리라 예측했다. 그는 그때쯤이면 높은 수준의 기술과 경제적 풍요로 노동이 불필요해질 것이며, 결국은 여가시간을 어떻게 보낼지가 인간의 가장 큰 관심사가 될 것으로 보았다. 하지만 그가 정한 시한이 얼마 남지 않은 지금, 그 예측이 맞았다고 말할 사람은 거의 없을 것 같다.

케인스와 동시대를 산 철학자 버트런드 러셀은 1935년에 나온 《게으름에 대한 찬양》에서 그에 맞장구를 쳤다. 그는 이 책에서 '노동이 미덕'이라는 신념이 현대사회에서 악을 양산해 내고 있으며, 행복과 번영을 원한다면 오히려 노동을 줄여야 한다고 주장했다. 그래야 여가시간을 통해 예술과 학문에 관심을 가지게 된다는 이유였다. 또한 그는 이미 그 당시에 하루에 4시간만 일해도 전체 인구가 충분히 생활할 수 있으며, 나머지 시간을 여가 또는 게으름에 이용해야 한다고 강조했다. 그의 주장에 어떤 과학적 근거가 있는지는 알 수 없다.

19세기의 마르크스 그리고 20세기의 케인스와 러셀이 하나같이 인정한 것은 자본주의의 무한한 생산력이었다. 실제로 자본주의의 대량생산 능력은 그들이 예측한 것 이상으로 폭발적이었다. 그런데 문제는 순진하게도 생산성 향상의 결과가 노동의 단축으로 이어지리라 예상했다는 점이다.

이를테면 이런 얘기다. 원래는 10명의 노동자가 하루 8시간 일해서 100개의 물건을 만들었는데, 생산성 향상으로 똑같은 10명의 노동자가 똑같은 100개의 물건을 만드는 데 4시간 걸렸다고 해보자. 그러면 노동자는 4시간만 일하고 나머지 4시간은 자신이 원하는 시간을 보내게 되리라고 그들은 본 것이다. 그런데 실제로 그 이후 노동자들은 남은 4시간 동안에도 계속해서 일했고, 심지어 두세 시간을 더 일하기도 했다. 왜 그런 일이 벌어졌을까?

광고가 원하는 건 '일과 소비의 무한반복 게임'

"열심히 일한 당신, 떠나라!" 2000년대 초 이 구호를 내세운 어느 카드회사 광고가 한동안 장안의 화제였던 적이 있다. 이 광고가 단순히 노동자들에게 휴식을 장려하는 내용이라고 생각하면 오산이다. 이 광고의 주체(광고주)가 '당신'으로 호명한 사람들에게 특정 행동을 요구하고 있다는 사실을 놓쳐서는 안 된다. 그것은 바로 소비생활, 곧 소비자로서 충실한 삶을 살라는 것이다.

이 광고를 찬찬히 살펴보자. "열심히 일한 당신, 떠나라!"라는 표제어 아래에 다음과 같은 본문이 나온다. "열심히 일한 당신은 더 좋은 차를 타야 하고, 더 멋진 혜택을 누려야 하고, 더 멋진 세상을 만나야 합니다. 열심히 일한 당신은 떠날 권리가 있습니다." "열심히 일한 당신은 대접받아야 합니다. 밤하늘의 은하수를 즐겨야 하고, 성산포 일출을 보러 떠나야 합니다. 열심히 일한 당신의 모든 권리를, 이제 H카드가 찾아드립니다." 그리고 그 아래 H카드가 제공하는 구체적인 혜택이 나열되어 있다. 자동차 구입, 쇼핑, 영화, 호텔, 콘도, 렌터카 할인 등이 바로 그것이다.

여기서 이 광고(곧 광고주)가 노리는 "떠나라"의 실체는 휴식이 아니라 자신의 상품(곧 H카드)에 의한 소비행위임을 확인할 수 있다. 떠나긴 떠나되 H카드를 사용해서 차를 사거나 호텔이나 콘도를 빌리거나 쇼핑을 하라는 것이다. 그렇게 소비생활을 즐긴 뒤에는 다시 돌아와 열심히 일하고, 그런 다음에는 다시 떠나서 소비생활을 즐기고, 다시 돌아와 열심히 일한 다음 또 떠나서 소비생활을 즐기고⋯. 이렇듯 이 광고는 '일과 소비의 무한반복 게임'을 하라고 제안한 것이다. 이 광고가 나간 후 '당신'이 바로 자기 자신이라고 확신한 많은 사람이 그 제안에 적극 호응했다. 결과적으로 그것은 단순한 제안이 아니라 어길 수 없는 규범이거나 명령이었던 셈이다.

앞에서 소개한 세 석학의 결정적 한계는 소비와 광고의 역할을 몰랐거나 과소평가했다는 점이다. 20세기 들어 생산력이 높아지고 대량생산이 가능해지면서 생산된 제품을 사줄 소비자가 필요해졌다. 그런데 사람들이 유대, 공동체 의식, 자급자족 등 전통적 생활방식을 고집하는 한 그 목표는 이뤄질 수 없었다. 이를 무너뜨리기 위해서는 기존의 가치를 소비를 긍정하는 새로운 가치로 대체함으로써 소비 욕구를 불러일으켜야 했다. 바로 이때 소비에 가치의 중심을 두는 사고방식인 '소비주의Consumerism'(소비지상주의라고도 함)가 탄생했다. 경제학자 갤브레이스는 "자본주의에서 소비자 필요가 지속적으로 증폭되는 현상은 노동 감축이 가능하다는 사실을 감추는 정교한 사회적 위장술"이라고까지 말한 바 있다.

소비주의가 형성되는 데 가장 중요한 역할을 한 것은 광고였다. 광고는 사람들의 욕망을 자극해서 점점 더 많이 소비할 필요를 심어주었다. 그렇게 되면 사람들은 원하는 물건을 살 돈을 벌기 위해 일하게 된다. 이렇듯 광고의 역할은 인간의 욕망을 확장하고 필요를 생산함으로써 소비의 의무를 낳는 것이었다. 결과적으로 이는 곧 노동의 확대로 이어졌다.

자기 착취인가? 가슴이 원하는 꿈의 실현인가?

마르크스는 자본주의란 자본가가 노동자를 착취하는 사회라고 규정했다. 자본가가 노동자에게 노동력의 가치만큼만 대가를 지불하고, 그 이상으로 노동자가 만들어 낸 가치, 곧 잉여

1950년대 서울 명동의 구직자.
(저본은 사진작가 임응식의 1953년 작품 〈구직〉)

가치를 착취해 이윤을 얻는다고 보았다. 이에 반해 케인스는 자본주의 체제 내에서 발생하는 문제(불평등, 불황, 실업)는 인정했지만, 이를 자본주의 자체의 내재적 모순이나 착취 때문이라고는 보지 않았다. 곧 그는 자본가의 착취 자체를 부정했다.

하지만 마르크스도 케인스도 노동자가 자기 자신을 착취하는 일이 벌어질 줄은 몰랐다. 철학자 한병철은 《피로사회》에서 개개인의 '자기 착취'를 신자유주의 시대의 가장 큰 특징으로 규정했다. 그는 자본주의는 더 큰 성과를 올려서 더 큰 성공을 거두고자 하는 개개인의 욕망을 부추김으로써 생산성을 극대화한다고 보았다. 따라서 자본주의의 착취는 자본가가 노동자를 향해 강제하는 형태가 아니라, 노동자가 자발적으로 행사하는 형태로 나타난다는 것이다. 그가 '성과 주체'로 규정한 현대인의 삶은 이렇게 요약된다. "더 많이 일하면 더 높은 성과를 인정받고 더 많은 보상을 얻는다. 그렇게 하라고 강요하거나 시키는 사람도 없건만 나는 나의 자유의지로 죽도록 일하고, 그 결과로 죽을 만큼 피로해진다." 이 때문에 현대사회는 곧 '피로사회'가 된다.

영국의 사회학자 데이비드 프레인은 《일하지 않을 용기》에서 자기 착취의 개념을 '고용가능성'이라는 용어로 변주한다. 고용가능성이란 노동자가 자신을 고용될 수 있는 조건에 놓이도록 늘 스스로 갈고 다듬는다는 뜻이다. 이를 통해 노동자는 스스로 무한한 잠재력을 끝없이 추구하게 된다고 한다. 노동자의 고용가능성 추구로 인해 이전까지 노동시간에 국한되었던 착취의 공간적·시간적 경계가 흐려지는데, 이 책에서는 이를 '탈중심적 착취'라고 부른다. "항상 지금보다 더 잘 해낼 수 있다고 배우는 노동자는 자신의 성격과 성과가 적합한지 의심하면서 현명하게 시간을 쓰고 있다는 만족감을 결코 느끼지 못하는 상태로 고용가능성을 유지하기 위해 끝이 없는 자기와의 전쟁을 선포하는 비극의 길을 걷는다." 그는 현대인의 삶을 이렇게 비관적으로 바라본다.

《일하지 않을 용기》에는 상업적 부를 생산하지도, 소비하지도 않는 자유시간은 자본주의에서 아무 쓸모가 없으며, 자본주의는 자유시간에도 사익이 창출되기를 바라기 때문에 생산성 향상으로 확보된 시간을 낚아채 추가 노동을 창출하도록 되먹인다는 내용이 나온다. 주어진 거의 모든 시간을 책 읽고 글 쓰고 그림 그리는 데 쓰는 나는 자본주의가 원하지 않는 길을 걷고 있는 셈이다.

고등학교 동기 모임에 마지막으로 나간 지도 수년이 지났다. 소비의 유혹과 자기 착취를 통해 '일을 강제하는 힘'이 내면화된 결과 그들의 그런 뜨악한 반응이 나왔으리라 추측한다. 그들 대부분은 제도적으로는 물론 생물학적으로도 은퇴할 나이를 넘겼다. 그날 이후 그들은 자신의 가슴이 원하는 것을 이루기 위해 어떤 꿈을 간직하게 되었을까? 생존을 위해 하고 있는 그 무엇을 여전히 자신의 꿈이라고 착각하고 있는 건 아닐까?

정적 말살의 기원, "아구창을 갈겨라."

1970년을 전후로 내가 살던 지방 소도시에서는 봄마다 체육행사가 열렸다(나중에 확인해 보니 전국소년체육대회 예선이었다). 그 기간이 되면 학교마다 운동부가 출전했고 열띤 응원전이 벌어졌다. 대중매체가 많이 보급되지 않아 특별한 볼거리가 없던 당시에는 온 주민의 관심이 대회가 치러지는 공설운동장으로 쏠렸다.

내가 다닌 초등학교에서는 조촐하게 송구부(그때는 핸드볼을 '송구'라고 불렀다)와 야구부 그리고 육상부 정도가 대회에 참가했다. 응원은 단순해서 대개 기존의 여러 노래를 개사해 부르는 식이었다. 주로 불리던 응원가는 맹호부대, 청룡부대, 백마부대 등 베트남에 파병된 군부대를 위해 만들어진 군가의 가사를 바꾼 것이었다.

그런데 앞부분 가사만 얼핏 기억나는 이들 노래와 달리, 가끔 불렀는데도 토씨까지 선명하게 기억되는 응원가가 있다. "보아라 이 넓은 운동장에/○○와 △△가 싸운다/○○와 △△가 싸우면/보나 마나 ○○가 이기지/힘차게 싸운 ○○의 선수/△△의 아구창을 갈겨라/뻗었다, 뻗었다/뻗었다, 뻗었다/보기 좋고 신기하게/뻗었다." 승자의 기운에 한껏 취해 이 노래를 악을 쓰며 따라 불렀던 기억이 생생하다.

초등학생에까지 요구한
싸움의 일상화와 전사의 삶

실로 반세기 만에 그 가사를 살펴보니 오싹하고 섬뜩하다. 운동경기를 싸운다고 표현하는 것부터 걸리지만 그건 애교로 넘어가자. 운동경기에서 규정에 따라 승리하는 행위를 "아구창을 갈긴다"라고 표현하고("아구창을 갈긴다"란 "주먹으로 얼굴이나 턱을 때린다"라는 뜻의 비속어다), 승부에서 진 상대를 뻗었다고 말하며 희희낙락 좋아하는 내용이 아닌가. 세상에, 운동경기에서 승리하는 것을 이렇게 무시무시한 용어로 표현하다니.

아이들이 무슨 잘못이겠는가. 문제는 적을 무찌르려고 전쟁터로 나가는 군대의 사기를 북돋우려는 군가나 그보다 더 폭력적인 노래를 응원가로 선정해 교육 현장에서 부르게 한 교사와 학교 측에 있을 것이다(체육대회가 열리는 공설운동장도 엄연한 교육 현장이다). 일부 교사는 아이들과 함께 따라 부르기도 했을 테고, 그 내용에 동의하지 않는 교사라 하더라도 그런 노래가 불리도록 방조한 잘못에서 벗어나기 어렵다.

교사는 인간의 폭력적이고 이기적인 본성을 다스려 지식과 도덕으로 따뜻한 공동체의 일원이 되도록 학생들을 이끌어야 할 사명을 지닌 존재다. 그런데 결과적으로 그들은 건전한 겨룸의 마당이어야 할 운동장을 전쟁터로, 스포츠를 전투로 바꿔서 상대에게 생명을 위태롭게 할 만큼의 위해를 가하도록 부추긴 역할을 한 셈이 아닌가.

이승만 정권에서 초대 문교부(현재 교육부) 장관을 지낸 안호상(1902~1999년)의 사상을 살펴보면 이런 사건이 벌어진 배경을 어느 정도 짐작할 수 있다. 그는 이렇게 주장했다. "주먹은 주먹으로, 총칼은 총칼로, 사상은 사상으로 싸우지 않으면 안 된다. (중략) 우리는 일민주의를 위하여 일하며 싸우며 또 죽을 각오를 해야 한다." 여기서 '일민주의一民主義'란 이승만을 중심으로 뭉치자는 주장을 그럴듯하게 포장한 것이다. 박노자 교수는 《우승열패의 신화》에서 이 대목을 인용하면서, 사람들이 학교나 라디오 방송에서 늘 '박멸' '싸움' '인생의 전투' '단결' '결사 투쟁'과 같은 용어를 듣게 되었는데, 이는 당시의 상식 형성에 나름 영향을 미쳤을 것이라고 분석했다.

안호상의 전투적 이념은 한국전쟁을 거친 뒤 박정희 군사 정권 시기에도 이어졌다. 박노자 교수에 따르면, 박정희 시대의 개막은 '싸움의 일상화'에 새 지평을 열었다고 한다. 박정희 정권이 거의 모든 비장애인 남성을 교련과 예비군, 민방위 훈련 등에 참여시켜 '평생 전사戰士'로서의 삶을 강요했다고 요약한다. 또 그는 박정희가 택한 조국 근대화의 구체적 방안은 실제로는 조국의 병영화兵營化였다고 평가하면서 이렇게 강조한다.

> 개인을 '국가 생존과 경쟁'이라는 지상 과제에 완전히 예속시키는 박정희의 파시스트적 인간 철학은 (중략) 자조, 총화단결, 근면, 협동, 애국적인 화랑정신의 설교에서 충분히 표현됐다. 현실적으로 '박정희 휘하 사단의 졸병' 격인 노동자들에게는 이 주문들이 과로나 사고로 죽는 한이 있더라도 입 닥치고 아무 요구도 하지 말고 일만 시키는 대로 하라는 명령일 뿐이었다.

이제야 실마리가 조금 풀린다. '싸움의 일상화' '전사로서의 삶' 그리고 '조국의 병영화' 따위의 박정희식 저급한 경쟁 이데올로기가 초등학생끼리 벌이는 운동경기에도 예외 없이 적용된 것이다. 상대 '아구창을 갈겨서' 뻗게 만들겠다는 가학적 응원가는 그런 배경 속에서, 그때 그 소도시의 공설운동장에서 아무런 제재나 거리낌 없이 우렁차게 울려 퍼진 것이다.

경쟁 이데올로기, 그 뿌리는 사회진화론

몇 년 전부터 우리 사회에는 정적 제거의 살벌한 기운이 흐르고 있다. 2024년의 12.3 내란은 그 정점에 이른 사건이었다. 그동안 정치적으로 다른 입장을 가진 상대를 무시하는 정도를 넘어 법 기술을 써서 매장하고, 그 가족을 도륙하고, 테러를 가하고, 심지어 총칼을 동원해 '수거 대상'으로 삼는 등 끔찍한 일들이 벌어졌다. 그 모든 것을 묶어 일단 '경쟁 이데올로기'라고 해두자. 이 '경쟁 이데올로기'는 언제 어떻게 시작되었을까?

박노자 교수는 한국 지배층이 내세운 경쟁 이데올로기의 핵심 부품은 사실 수입품이라고 파악한다. 예컨대 일제강점기에 독일에서 공부한 안호상의 경우 독일 파시즘이라는 원조 극우 이데올로기를 직수입해 한국화한 것이며, 박정희와 국민교육헌장을 만든 박종홍 등 1960~1970년대 군사정권의 이데올로그들도 의식적으로든 무의식적으로든 일제 말기의 총동원 사회를 핵심 준거 틀로 삼았다고 강조한다.

경쟁 이데올로기라는 강의 상류로 더 거슬러 올라가면 춘원 이광수의 힘 숭배 사상에 도달한다. 이광수는 이미 1900년대부터 약육강식과 적자생존이 바로 우주와 사회의 법칙이라고 확신하고 있었다고 한다. 그는 〈힘의 찬미〉라는 시에서 "힘!/오늘의 영광은 힘에 있다/기도 올리는 탑을 무너뜨리고/대포를 거는 포대를 쌓아라!/평화의 흰옷은 다 무엇이냐, 병대의 붉은 복장을 입고/몸과 맘을 모두 무장하여라/사람아 오늘은 힘을 찾는다"라며 노골적으로 힘과 군대와 살인의 숭배를 외쳤다. 20세기 초부터 일제강점기를 거쳐 1960~1970년대 개발독재 시대에 이르기까지, '힘'에 대한 흠모와 찬양은 이광수를 비롯한 많은 우파진영 논객의 일관된 논조였다.

힘 숭배의 뿌리는 '사회진화론'에서 찾을 수 있다. '사회진화론Social Darwinism'이란 찰스 다윈의 생물학적 진화론을 사회에 적용해, 사회에도 약육강식과 '최적자 생존Survival of the Fittest'의 원리가 작동한다고 보는 이론이다. 허버트 스펜서(1820~1903년)라는 사회학자가 그 창시자로 꼽힌다.

《유전의 정치학, 우생학》에 따르면, 스펜서는 게으르고 나약한 존재들의 소멸은 자연의 법칙이며, 사회적 약자를 도와주는 복지정책은 최적자 생존의 법칙에 위배된다고 주장했다. 그는 생존경쟁과 최적자 생존이라는 개념을 중심 사상으로 삼아 인간을 서열화하는 사회진화론을 발전시켰다.

사회진화론을 기반으로 탄생한 학문이 바로 프란시스 골튼(1822~1911년)이 창시한 '우생학'이다. 우생학은 생물학을 근거로 사회적으로 제거되어야 할 운명에 있는 다양한 부적격자들, 이를테면 빈곤자들이나 신체적 불구자들이 유전 때문에 그렇게 되었음을 입증하는 학문 분야다. 사회진화론과 우생학은 제국주의 침략과 착취 그리고 민족과 인종 간 차별을 합리화하는 과학적 근거가 되었다. 히틀러의 나치가 600만 명의 유대인을 학살할 때도 이 해괴한 학문을 명분으로 삼았다는 건 너무나 잘 알려졌다.

식민지 조선의 우파적 지식인들은 일제 말기까지 '골수' 사회진

독일 튀빙겐의 부헨발트수용소에 갇혀 있는 유대인들.

화론적 '힘의 찬양'에 힘을 아끼지 않았으며, 그들의 1945년 계승자들도 근본적으로 같은 노선을 걸어가고 있었다. 사회진화론이 대중화된 1900년대부터 일제 말기까지, '약육강식이 곧 우주와 사회의 도리' '적자생존은 우주의 불변 법칙'이라는 등식으로 집약되는 노골적인 사회진화론의 철학은 우파적 '신지식인'들에게 유교의 성리설을 대체해 주는, 만물 전체의 선험적 진리로 인식되고 있었다.

박노자 교수의 분석이다. 여기서 우파적 신지식인에 해당하는 인물은 이광수를 비롯해 유길준, 이승만, 서재필, 윤치호 등이다.

정적 말살의 역사를 어떻게 끝낼 것인가

다시 50여 년 전 어느 지방 소도시로 가보자. "힘차게 싸운 ○○의 선수/△△의 아구창을 갈겨라/뻰었다, 뻰었다/뻰었다, 뻰었다/보기 좋고 신기하게/뻰었다"라는 응원가가 높이 울려 퍼지는 그 공설운동장으로 말이다. 그냥 승리의 기운에 취해서였든 군중심리에 휩싸였든 나도 그 응원가를 소리 높여 불렀다.

그때 열 살 전후의 아이들이 그 가사 속에서, 다윈·골튼·스펜서·히틀러 같은 생소한 외국인들의 이름을 어찌 연상할 수 있었겠으며, 이광수·유길준·이승만·서재필·윤치호·박정희·안호상 같은 고명한 우파 엘리트들을 어찌 떠올릴 수 있었겠는

가. 또한 아시아와 아프리카에서 휘둘려진 착취의 채찍과 유대인을 살육한 가스실 그리고 남영동이나 남산의 음습한 고문실을 어찌 상상할 수 있었겠는가.

그러나 우리는 그 노래를 부르며 힘에 의한 무한 경쟁의 이데올로기를 자연스럽게 내면화했을 것이다. 그리고 이 이데올로기는 반세기가 지난 지금까지도 사회 곳곳에서 작동하고 있다. '7세 고시'와 같은 과도한 조기 입시경쟁과 정적 말살이라는 조폭적 행태가 그 대표 증거다.

우리는 잘 알고 있다. 힘에 의한 무한경쟁, 그 끝에는 친일(이광수, 유길준, 윤치호의 경우)과 독재(이승만과 박정희의 경우)와 독재정권 부역(안호상과 박종홍의 경우) 그리고 전쟁과 대량 살육(히틀러의 경우) 같은 역사의 파탄이 기다리고 있다는 사실을.

'계몽' 뒤에 어른거리는
전체주의의 망령들

어릴 적 부잣집을 판별하는 유력한 기준은 텔레비전의 소유 여부였다. 주택과 함께 전화, 냉장고, 전축도 부의 중요한 증거였지만 텔레비전이 있으면 대개 나머지는 무슨 패키지처럼 따라왔다. 그런데 나만의 기준은 따로 있었으니, 바로 '계몽사 소년·소녀 세계문학전집'의 소유 여부였다. 같은 반 친구 가운데 바로 그 기준에 부합하는 '부잣집 아이'가 한 명 있었다. 한때 나는 그 친구 집을 뻔질나게 드나들며 전집 속 책들을 빌려보았다. 《보물섬》《왕자와 거지》《사랑의 집》《알프스의 소녀》는 잠을 설쳐가며 한껏 몰입해 읽던 작품들이다.

이들과 함께, 아니 어쩌면 그보다 더 선명하게 기억되는 단어는 계몽사의 '계몽'이었다. 한자로 '啓蒙'이라 쓰고 영어로는 'Enlightenment'라 표현하는 그 단어, 무지몽매함을 깨우친다거나 미개한 어둠 속에 이성과 과학적 합리성으로 밝은 빛을 비추다는 그 거창한 뜻 그리고 1789년 일어난 프랑스대혁명의 기반이 되었을 만큼 근대 세계를 연 핵심 사상이라는 역사적 사실을 그때 어찌 알았겠는가. 다만 '계'에서는 당시 고급 반찬의 대명사인 '계란 후라이'를 연상했고, '몽'에서는 희망 같은 것이 구름처럼 몽실몽실 피어오르는 듯한 기분을 떠올렸다. 그래서 늘 재미있고 감동적인 이야기를 들려주는 자상한 할머니나 착한 삼촌을 생각하며 '느낌적인 느낌' 차원에서 아름다운 뜻으로만 받아들였다.

계몽의 원리, 그 핵심은 유용성과 계산 가능성

불법 계엄령을 '계몽령'이라 부르고 "나는 계몽되었다"라며 내란 수괴를 옹호한 어느 변호사의 말이 비판의 도마 위에 오른 적이 있다. 말할 것도 없이 생뚱맞고 억지스러운 조어造語이자 얼토당토않은 항변임이 분명하다. 하지만 그에 대한 비판이 계몽이라는 멋진 말을 왜 나쁜 짓과 그 짓을 벌인 주범을 옹호하는 데 사용하느냐는 의미라면, 잠시 생각해 볼 지점이 있다. 계몽은 결코 역사의 발전에 긍정적 영향만 끼친 개념이 아니기 때문이다. 이 문제를 본격적으로 제기한 인물이 바로 독일 출신 유대인 사상가인 아도르노와 호르크하이머다. 그들의 생각은 제2차 세계대전 중에 집필된 다음 전쟁이 끝난 직후에 출판된 《계몽의 변증법》에 잘 담겨 있다.

사회학자 노명우 교수가 쓴 동명의 해설서를 참고해 나는 《우리를 배반한 근대》에서 이 책의 논점을 다음과 같이 요약한 바 있다. ①신화의 세계가 교환과 측정이 불가능한 질質의 세계라면, 계몽의 세계는 교환과 측정이 가능한 양量의 세계다. ②계몽화는 혼란스러운 신화의 세계에 질서를 구축하는 과정이며, 계몽의 전개 과정은 계산 가능성과 유용성의 척도에 들어맞지 않는 신화적 요소를 제거하는 과정이다. ③계몽의 세계는 인간이 자연에 부속된 존재인 신화 세계와는 반대로 인간이 자연을 지배하는 세계다.

계몽과 관련된 몇 가지 단어의 어원을 살펴보면 그 개념을 더욱 명확히 알 수 있다. 먼저, '합리성/합리주의'를 영어로 'rationality/rationalism'이라고 하는데, 이 단어의 어원은 비율이라는 뜻의 라틴어 'ratio'이다. 어떤 기준을 정해놓고 그 비율을 따지는 일, 곧 계산 가능성이나 측정 가능성이 합리성의 핵심이라는 뜻이다. 측정하기 위해 사용되는 자尺를 영어로 'ruler'라고 하는데, 이 단어는 '지배자'를 뜻하기도 한다. 또 질서를 영어로 'order'라고 하는데, 이 단어는 '명령'을 뜻하기도 한다. 질서를 부여하고 수치로 정확히 측정하기 위해서는 주체/지배자의 명령이 필요하다는 계몽의 원리가 그 단어들 속에 고스란히 들어 있다.

18~19세기를 지나 20세기에도 계몽의 정신은 이성과 과학적 합리성을 통해 진보와 행복을 가져다 주어야 옳은데, 인류

는 왜 나치즘, 파시즘, 스탈린주의 등 전체주의 체제와 두 차례의 참혹한 세계대전 그리고 유대인 대학살이라는 야만의 길로 접어들었을까? 이것이 바로 아도르노와 호르크하이머가 지닌 최초의 문제의식이었다. 그리고 그들은 그 원인을 계몽 그 자체에서 찾았다. 곧 계몽이 실패해서가 아니라, 앞에서 말한 것처럼 계몽의 원리 속에 야만의 원리가 스며들어 있기 때문임을 꿰뚫어 보았다. 야만은 신화적 가치에 속하는 것으로, 그 핵심 원리는 가부장적 억압과 지배다. 따라서 계몽의 원리 속에 야만의 원리가 스며들어 있다는 것은, 억압과 지배가 야만의 원리이면서 동시에 계몽의 원리라는 말이다.

그들의 생각을 한 마디로 줄이면, 전근대적 신화의 세계와 근대를 열었다는 계몽의 세계는 똑같다는 것이다. 다시 말해, 계몽과 신화는 방향만 바뀌었을 뿐 지배와 억압의 관계가 존재하는 야만의 정신이라는 점에서 도긴개긴이라는 얘기다. 이렇게 보면 그 변호인의 의도나 이를 비판하는 사람들의 의도와 달리, 12.3 계엄령을 '계몽령'이라 부르고 스스로 "계몽되었다"라고 말한 것은 어쩌면 정확한 표현일 수도 있다. 12.3 계엄령이야말로 지배와 억압의 명령이었고 그 변호인은 그 명령에 납작 엎드려 복종했을 테니 말이다.

계몽의 이념이 고스란히 들어 있는 '새마을운동 노래'

우리나라에서 '계몽'은 농촌계몽운동을 통해 소개되었다.

〈동아일보〉는 1931년부터 1934년까지 문맹 퇴치를 중심으로 한 농촌계몽운동을 펼쳤는데, 1회부터 3회까지는 '브나로드운동'으로 부르다가 4회 때부터 '계몽운동'이라고 했다. '브나로드 Vnarod'는 러시아 말로 '민중 속으로'라는 뜻이며, 심훈의 《상록수》는 바로 이를 배경으로 하는 소설이다.

농촌계몽운동은 해방 후에도 관 주도로 이어졌는데, 해방 직후에는 미군정에 의해 문맹퇴치운동이 벌어지기도 했다. 그림에는 1946년 여름 12세 이상 50세 미만의 남녀 문맹자를 대상으로 개설된 성인학교에서 한글을 배우는 주민들의 진지한 표정이 담겨 있다. 1970년대에는 '새마을운동'이라는 이름으로 유신정권에 의해 소득증대운동 등으로 확장되어 정권 홍보용으로 대대적으로 활용되기도 했다. 1970년대에 마을마다 하루에도 몇 번씩 울려 퍼진 '새마을운동' 노래를 많은 사람이 기억할 것이다. '새마을운동' 노래 가사는 계몽의 세계를 엿보게 해주는 매우 흥미로운 텍스트다. 이 노래의 1절과 2절 가사에는 앞에서 말한 계몽의 원리(지배와 억압, 계산 가능성·측정 가능성·유용성)가 고스란히 들어 있다.

> 새벽종이 울렸네 새 아침이 밝았네/너도나도 일어나 새마을을 가꾸세(1절)/초가집도 없애고 마을 길도 넓히고/푸른 동산 만들어 알뜰살뜰 다듬세(2절)

1946년 문맹자를 대상으로 개설된 성인학교에서
한글을 배우는 시골 마을 주민들.

1절에서는 새벽종을 울리는 주체가 일찍 일어나 가꾸어야 할 대상들을 통제하는 상황이 펼쳐져 있다. 주체가 객체를 지배·통제·억압하는 태도는 바로 계몽의 세계에 스며 있는 원리다. 2절에서는 가난의 상징인 초가집과 좁고 제멋대로인 마을 길을 넓히고 정비하는 모습이 그려진다. 여기에는 혼란스러운 세계에 질서를 구축하는 과정과 계산 가능성 및 유용성의 척도에 들어맞지 않는 것을 제거하는 과정이 모두 담겨 있다. 작사가로 알려진 박정희 대통령은 과연 철저한 계몽주의자일 수밖에 없었다. 일제강점기의 사범학교와 사관학교에서 받은 제국주의 교육이야말로 지배와 억압, 계산 가능성과 측정 가능성 그리고 유용성의 가치를 추구했을 테니까.

계몽이라는 말속에는 칸트와 볼테르 그리고 루소 같은 18세기 사상가들의 근엄한 모습도 숨어 있지만, 히틀러와 무솔리니와 히로히토, 스탈린, 박정희 같은 전체주의자들의 망령도 어른거린다. 계몽의 가치가 긍정적이든 부정적이든 이 시점에서 계몽을 주장하는 태도는 분명 시대착오적이다. 간절히 바라건대, 계몽이라는 단어가 누가 누구에게 무언가를 일방적으로 강제하는 지배와 억압의 의미로 더는 소환되지 않았으면 좋겠다. 다만 '계몽사 소년·소녀 세계문학전집'처럼 자상한 할머니나 착한 삼촌이 들려주는 재미있고 감동적인 이야기와 함께 언제나 아름다운 기억으로만 남아 있기를 바란다.

나를 키운 건
팔 할이 브랜드

　1970년대는 나의 10대와 온전히 겹친다. 그때 내가 살던 소도시에는 '서울 양화점'이라는 유명한 맞춤 구둣가게가 있었다. 짚신에 이어 오랫동안 보통 한국인의 발을 책임져 온 고무신이 점점 사라지고 학생들에게 운동화가 보편화하고 있는 가운데, 성인들에게는 구두가 신발의 대세로 자리 잡아가던 시절이었다. 막 성인이 되는 젊은이는 물론이고 오랫동안 고무신이나 운동화를 신던 중장년도 구두 한 켤레쯤 갖고 싶은 욕망을 키워갔다. 이에 따라 맞춤 구두 시장도 점점 커졌을 것이다. 그런 분위기를 타고 당시 시내 한복판에 있던 '서울 양화점'은 맞춤 구두의 명소로 자리 잡아 가고 있었다.

　나는 운동화로 만족해야 하는 처지여서 구두의 소비자가 될 수 없었는데도 언제부터인가 '서울 양화점'이라는 이름을 자연스럽게 알게 되었다. 이는 무엇보다 이 맞춤 구둣가게가 그 소도시에서는 매우 드물게 극장 광고와 라디오 광고를 집행한 이유가 컸다. 극장 광고는 조금 어설픈 애니메이션에 성우의 목소리가 입혀진 형태였고, 라디오 광고는 거기서 소리만 따와 편집한 것이었다. 극장 광고는 세 군데 극장에서 어김없이 등장했고, 라디오 광고는 지역방송 시간에 수시로 노출되었다. 그런데 신기하게도 나는 그 광고의 내용을 반세기가 지난 지금까지도 또렷이 기억하고 있다. 광고 카피는 물론이고 성우의 목소리 톤과 애니메이션 속 인물의 손짓까지 고스란히 재연할 수 있을 정도다.

여: 어머, 저 구두!
남: 멋있지 이 구두, 서울 양화점에서 맞춘 거야.
여: 유행의 샘터, 서울 양화점~
남: 전화는 ○○○번, 성남동 로터리에 있습니다.

내용과 형식은 닭살 돋을 만큼 전형적인 1970년대풍이다. 그런데 여기서 "서울 양화점에서 맞춘 거야"라는 대사는 내 또래 사이에서 유행어가 되었을 만큼 유명했다. 가령 옆 짝이 좋은 연필이나 노트를 가진 것을 보고 내가 "그거 어디서 샀어?"라고 물으면 그가 웃으며 "서울 양화점에서 맞춘 거야"라고 대답하는 식이었다. 브랜드명이 유행어가 된다는 건 마케팅 이론상으로 대성공의 증거였다. 이는 마치 "일요일엔 오뚜기 카레" "나는 짜파게티 요리사" "결론은 버킹검"과 같은 위력을 지닌 것이었다. 입주해 있던 건물을 사서 더 높이 올렸을 만큼 대박이 났다는 얘기도 나중에 들었다. 유명해진 다음에 그 광고들을 내보냈는지, 아니면 그 광고들 때문에 유명해졌는지는 가물가물하지만, 아무래도 후자일 것이다.

'왕자표 운동화'에서 '삼천리호 자전거'까지

나의 근대는 브랜드와 함께 찾아왔다. 기억을 더듬어 보니 내가 만난 최초의 브랜드는 '미원'이었던 것 같다. 초등학교 다니기 이전부터 '미원'을 넣으면 맛있다는 걸 알았다. 그래서 어머니에게 음식에 꼭 넣어달라고 졸랐던 기억이 있다. 농촌 마을에서 그 소도시로 이사 온 직후 어느 날 밤, 시내에서 가장 높은 3층 건물 옥상에서 여러 원색의 조각들로 구성된 네온사인이 번쩍거리며 '신선로 표 미원'이라는 글자와 신선로 그림을 만들어 내던 장면을 넋이 나간 듯 지켜보았다. 당시 '미원'은 하나의 브랜드이기 이전에 설탕이나 밀가루와 같이 제품의 유형을 지칭하는 이름이었다.

'왕자표'라는 운동화 브랜드도 내 기억 상자 속에 고이 보관되어 있다. 고무신을 신고 생활했던 나는 어느 날 어머니를 따라 운동화를 사러 시장에 갔다. 나는 친구들 사이에서 선망의 대상이었던 '왕자표' 운동화를 원했으나 어머니는 일방적으로

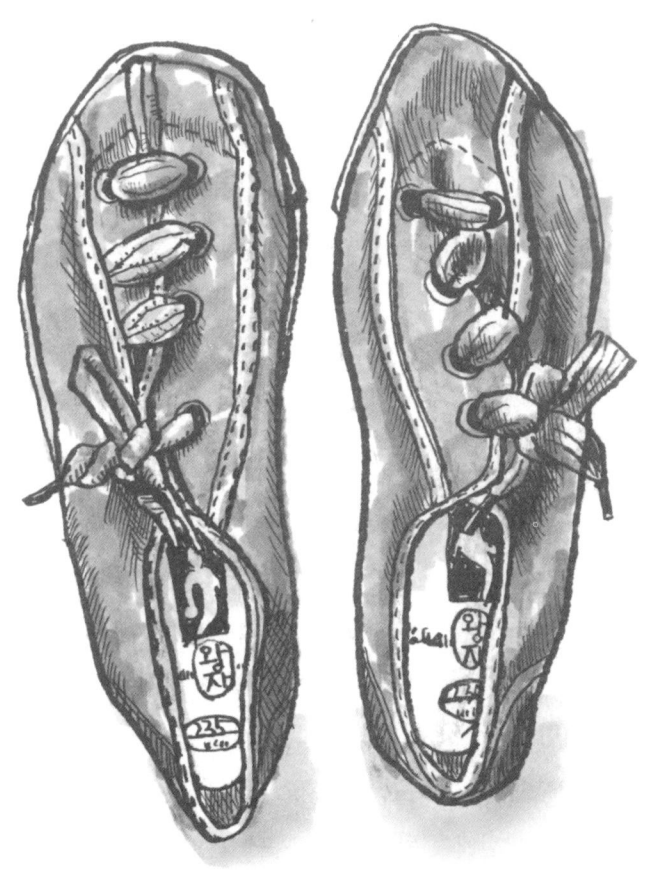

1970년대 인기가 높았던 왕자표 운동화.

브랜드도 없는 싸구려 운동화를 지정했다. 나는 고무신에서 운동화로 바꿔 신은 데 만족하며 당대의 슈퍼브랜드를 신지 못한 아쉬움을 달랬다.

'금성라듸오'도 내 마음속에서 빛이 바래지 않은 브랜드다. 근대문명은 곧 기계문명일진대, 라디오는 내가 직접 사용한 첫 '문명의 이기'였다. 우리 집에 라디오(곧 '금성라듸오')가 들어온 다음 얼마 동안 그 라디오 속에 사람이 들어 있을지도 모른다는 생각에 구석구석 눈을 부릅뜨고 살펴보기도 했다. 월간지 《어깨동무》는 잠시나마 멋진 건물의 어린이회관과 노란색 교복을 입은 예쁜 여학생이 다니는 '리라초등학교'로 데려다 주었다. 어쩌다 용돈이 생기면 '킹구빵'(건빵 브랜드)이나 '뽀빠이'(라면 과자 브랜드)를 사 먹을까, 아니면 만화방에 가서 '땡이'나 '독고탁'이 나오는 만화를 볼까 선택의 갈림길에 선 적도 많았다.

중학교에 들어가면서는 '엘리트'라는 이름의 교복을 입고 학교에 가서, 뒷자리 친구들이 가져온 〈선데이 서울〉의 맨 가운데 쪽 컬러 화보를 두근거리며 훔쳐보기도 했다. 고등학교에 진학해서는 《수학의 정석》과 《성문 종합영어》의 굴레에서 헤어나지 못한 가운데, 짬짬이 '삼중당 문고' 속 문학 작품들을 읽기도 했다. '삼천리호 자전거'는 3년 내내 통학길을 함께한 나의 로시난테(돈키호테가 데리고 다니던 말)였다.

돌이켜보면 "나를 키운 건 팔 할이 브랜드였다"라고 말할 수 있을 것 같다. 브랜드는 유년과 소년 시절의 갈피 갈피에 자리 잡으며 나만의 아련한 추억을 소환해 주는 한편, 한 시대의 고비 고비를 살아낸 나의 존재를 증언해 준다.

작은 독립기업들을 몰아낸 슈퍼브랜드

해태 들菊花―/해태 들菊花―/꿀벌이 검을 걱걱 씹으며/날아간다/들菊花 만발한 안산 동부 지구/監視哨의 그늘을 파랗게 뚫으며/풀들/침을 영혼에 넘기는 소리

오규원의 시집 《가끔은 주목받는 生이고 싶다》에 수록된 〈해태 들菊花〉 전문이다. 브랜드가 일상 깊숙이 침투해 삶의 일부가 된 세태를 풍자적으로 그린 시다. 이 시가 발표된 것은 서울올림픽 직전인 1987년, 우리나라가 본격적인 소비사회로 진입하기 시작한 시기였다.

오규원의 시가 브랜드에 대한 풍자나 야유였다면, 유하의 시는 브랜드에 대한 악담이거나 저주였다. 유하는 소비사회가 더 깊숙이 진행된 1991년 나온 시집 《바람 부는 날이면 압구정동에 가야 한다》에 실린 산문시 〈콜라 속의 연꽃, 심혜진 論〉에서 이렇게 한탄했다.

감독은 얼씨구나 양파 껍질처럼 끝없이 옷을 벗기기 시작하는데, 그녀만 보면 파블로프의 개처럼 코카콜라를, 삼성 에이에프 오

토줌 카메라를, 해태 화인쥬시 껌을 사고 싶어지는 내 눈알, 나는 본다 저 알몸 위로 오버랩되는……/온 산을 갈아엎는 사람들을 세상을 온통 콜라 빛 폐수로 넘실대게 하는 사람들을 이 땅을 온갖 욕망의 구매력으로 가득 채우는 사람들을 그리하여/이 지구의 虛를 말살시키고 있는 사람들을 아아 하나뿐인 인격, 하나뿐인 지구

코카콜라, 삼성 카메라, 해태 껌 등 유명 브랜드에 자동 인형처럼 반응함으로써 결국 이 세상은 '온갖 욕망의 구매력'으로 인해 파탄에 이르게 될지 모른다고 경고하고 있다. 1990년대부터 우리가 본격적으로 맞이한 소비사회와 그 주역인 브랜드는 현재 전 세계적 과제인 환경문제 및 불평등과 분명히 깊은 상관관계에 있다. 이를 고려한다면 시의 내용이 지나친 우려였다고 말할 수는 없다.

브랜드를 만들고 유지·관리하기 위한 일련의 노력을 '브랜딩Branding'이라고 한다. 저널리스트 나오미 클라인의 역저 《슈퍼브랜드의 불편한 진실》에 따르면, 서구에서 브랜딩이 마케팅의 핵심으로 떠오른 것은 1980년대 중반이었다. "제품은 공장에서 만들어지지만, 브랜드는 마음속에서 만들어진다" "기계는 닳고 자동차는 녹이 슬고 사람은 죽지만, 브랜드는 살아남는다" 등이 당시 브랜드 전문가들의 신념이었다.

나오미 클라인에 따르면, 1980~1990년대 기업들은 기계

나 공장이나 사람에 투자하는 대신 브랜드를 구축하는 데 사용되는 가상의 것들에 집중했다. 여기서 가상의 것들이란 광고, 포장, 디스플레이, 유통 등을 말한다. 따라서 마케팅이나 브랜드 확장에는 아낌없이 투자하면서도 생산시설이나 노동에 대한 투자는 소홀했다. 더구나 소수의 슈퍼브랜드는 자신들이 보유하고 있는 막대한 현금의 위력을 이용해 지역의 작은 독립기업들을 몰아냈다. 이는 우리나라에서도 볼 수 있듯이 골목상권과 자영업자의 위기로 이어졌다. 많은 기업이 브랜드가 되기 위해 노력할수록 공공장소는 상실되었고, 브랜드가 모든 부가가치를 차지할수록 생산 담당자의 역할은 점점 작아졌다.

2007년 나온 화제작《88만 원 세대》는 당시 20대들에게 당장 '스타벅스'와 같은 프랜차이즈 업소에 발길을 끊으라고 촉구한 바 있다. "만약 20대 인구 1만 정도가 스타벅스에 가기를 거부하고 20대 사장이 직접 내려주는 커피와 차를 마시겠다는 선언"을 한다면 "100명의 20대가 자신의 카페를 가지고 경제적 삶을 새로 시작할 수 있는 의미 있는 출발점"이 된다는 것이다. 이 주장에 당시에는 많은 젊은이가 호응한 것처럼 보였지만, 결과적으로 지금의 세상은 이 책의 기대와 많이 어긋나 있다.

브랜드는 소통과 나눔의 매개체가 될 수 있을까?

일본 영화〈미나미 양장점의 비밀〉은 브랜드화를 거부하고 자신이 만드는 제품의 진정한 가치를 지켜가는 이야기를 담고 있다. '미나미 양장점'은 일본 고베시의 변두리 동네에 자리 잡은 소박한 맞춤 옷집이다. 친할머니가 창업한 이 양장점을 2대째 운영하는 '이치에'가 주인공이다. 동네 사람들 대부분은 이 양장점의 오랜 단골이며, 이들은 여기서 자신만의 독특한 옷을 만들어 입고 평생 이를 수선해 가며 살고 있다.

유명 백화점으로부터 좋은 조건으로 입점과 브랜드화를 제안받은 이치에는 대번에 이를 거절한다. 입는 사람의 모습, 성격, 라이프스타일 등 모든 것을 고려해 옷을 만들어야 한다는 할머니의 정신을 지키기 위해서다.

그 정신은 주인공 이치에가 브랜드화를 제안하러 온 백화점 직원과 대화하는 가운데 잘 드러난다. 백화점 직원은 인기 모델이 입고 찍은 사진으로 홍보하면 많은 사람에게 알릴 수 있고 옷의 가치도 올라간다고 설득하지만, 이치에는 "입을 사람 얼굴도 모르는 옷은 만들 수 없어요"라며 단호하게 선을 긋는다. 또 그 직원이 브랜드화를 통해 규모가 커지면 원하는 대로 옷감을 대주고 작업 공간이나 스태프까지 다 갖춰주겠다는 조건을 제시하지만, 이치에는 "우리 집에 전해 내려오는 재봉틀 아니면 사용 못해요"라며 단칼에 자른다. 백화점 직원이 《브랜드 시작하는 법》이라는 책을 전해주지만 이치에는 거들떠보지도 않는다. 아무리 정교한 브랜딩 기법도 이치에의 순수한 감성 앞에서는 휴지 조각일 뿐이다.

이치에에게 자신이 만드는 옷은 돈이나 명성 같은 속된 가치와 바꿀 수 있는 것이 아니었다. 동네 사람들과 소통하는 고귀한 수단이며 배려와 나눔의 성스러운 매개체여야 했다. 그래서 대량생산 시스템을 전제하는 브랜드화는 고려의 대상이 될 수 없었다.

칼은 아픈 환자를 살릴 수도 있고 살인을 저지를 수도 있다. 내란의 수괴 짓으로 대통령의 자리에서 파면된 자가 자신을 정당화한답시고 한 말이기도 하다. 어처구니없는 비유지만 그 자체로 틀린 얘기는 아니다. 물은 배를 띄울 수도 있고 배를 뒤집을 수도 있다. 《순자荀子》의 〈왕제편〉에 나오는 유명한 말이다. 이처럼 대다수 사물이나 개념에는 양면성이 있다. 브랜드도 마찬가지다.

브랜드는 나오미 클라인의 비판대로 생산부문의 쇠퇴와 공공부문의 약화, 저임금과 고용불안의 일상화, 임시직과 계약직의 보편화라는 어두운 결과를 낳을 수도 있다. 하지만 '미나미 양장점'처럼 공동체 구성원을 따뜻하게 이어주는 소통과 나눔, 배려와 존중의 매개체가 될 수도 있다. 앞의 브랜드를 '차가운 브랜드'라 하고 뒤의 브랜드를 '따뜻한 브랜드'라 한다면, 지난 수십 년간 '차가운 브랜드'가 '따뜻한 브랜드'를 갈수록 밀어내고 있는 것 같아 안타깝다.

GDP라는 숫자의
마법에서 풀려나기

　　이야기로 남은 기억도 있지만, 이미지로 남은 기억도 있다. 내 기억 상자 속에서 가장 선명하게 떠오르는 이미지는 '10월 유신, 100억 불 수출, 1000불 소득'이라는 문구다. 10→100→1000으로 이어지는 이 시각적 운율은 너무도 절묘해서 어떤 사진이나 장면보다 강렬하게 내 머릿속에 각인되었다. 이 문구는 박정희식 파시즘을 미화하기 위해 제작된 팸플릿 제목이었다. '유신'이라는 단어로 포장된 이 체제는 유신헌법 국민투표를 앞두고 전국에 배포된 홍보물 속에서 그렇게 절묘한 문구로 요약되었다. 결국 92.2%라는 비현실적 찬성률로 유신헌법이 통과되는 데 이 팸플릿이 나름의 역할을 했을 것이다. 간결한 숫자의 리듬감이 국민의 의식을 마비시키고, 미래에 대한 막연한 희망으로 현실을 왜곡하는 데 이바지한 사실을 부인하기 어렵다.

유신헌법은 1972년 10월 17일 대통령 특별담화로 공표되었고, 11월 21일 국민투표에서 확정되었다. 공표와 확정 사이 한 달여 동안 내가 다니던 초등학교는 교사와 학생 할 것 없이 국민투표 찬성 홍보에 동원되었다. 교사들은 거의 날마다 수업을 일찍 끝내고 할당된 마을을 돌았다. 그나마 진행되던 수업도 대부분 유신 홍보를 위한 시간으로 채워졌는데, 그중에는 유신헌법과 관련된 표어를 짓는 수업도 있었다. "새 나라엔 새 헌법, 새마을엔 새살림"이라고 적어서 냈더니 그걸 선생님이 예쁜 글씨로 써서 교실 한쪽 벽에 붙여놓았다. '새'라는 두운이 잘 맞아떨어져서 선생님 눈에 금방 띄었던 듯하다. 그런데 얄궂게도 그 표어가 붙어 있는 교실 사진이 졸업앨범에 실렸으니, 내가 유신정권의 부역자였다는 '빼박 증거'가 된 셈이다.

'국민소득 1000불'은
박정희 종신집권을 위해 던져준 당근

신동우 화백의 익숙한 그림으로 구성된 그 팸플릿을 내가 받아본 시점도 바로 그 한 달여 기간 중 어느 날이었을 것이다. '10월 유신, 100억 불 수출, 1000불 소득'이라는 문구는 보는 순간 내 눈길을 사로잡았다. '민족중흥의 역사적 사명을 띠고 이 땅에 태어난' 나는 이 막중한 과제를 달성하기 위해 뭐라도 해야 한다는 책임을 느꼈다. 10월 유신을 위해서는 북한의 '삐라(곧 전단)'를 더 열심히 줍거나 눈을 더 크게 뜨고 수상한 사람을 찾아 신고하면 될 것 같았고, 100억 불 수출을 위해서는 학용품을 더 아껴 쓰거나 국산품을 더 적극적으로 애용하면 될 것 같았다. 그런데 1000불 소득에 대해서는 느낌이 잘 오지 않았다. 그 의미가 크게 와닿지도 않았지만 그걸 달성하기 위해 내가 뭘 해야 하는지 알기 어려웠다.

> 정부와 국민이 또다시 굳게 뭉쳐 잘살기 위한 경제 시책을 강력하게 밀고 나갈 때 국민소득 1000불의 꿈은 이룩되는 것이다. 그렇게 되면 한 사람이 1년 동안 벌어들이는 돈은 40만 원. 한 집에 다섯 식구를 기준으로 한다면 집집마다 한 해에 평균 200만 원을 벌게 되는 셈이며, 한 달에 평균 16만 7000원. 이 얼마나 가슴 벅찬 일인가? 10월 유신은 바로 이러한 우리의 부푼 꿈을 실현시켜 보자는 것이다(1972년의 1원이 2025년 기준으로 약 20원의 가치가 있다고 가정하면, 16만 7000원은 약 334만 원에 해당한다).

그 당시 국립영화제작소에서 만든 유신 홍보영화 속 설명 중 한 대목이다. 박정희 정권은 10월 유신을 한마디로 '국민이 굳게 뭉쳐 국민소득 1000불의 꿈을 실현시켜 보자는 것'이라고 요약한다. 이런 억지 논리를 통해 대통령 간접선거와 연임제한 철폐를 통한 종신집권 등 반민주적 내용을 은폐하려 했다. '국민소득 1000불의 꿈'은 박정희의 종신집권을 얻어내기 위해 국민에게 나눠준 일종의 당근이었던 셈이다.

2장 달콤쌉싸름한 특권의 맛

GNP는 2차 세계대전 중 편의적으로 고안된 개념

1977년, 마침내 1인당 국민소득이 1000달러를 넘어섰다. 원래 목표보다 3년이나 앞당긴 성과였다. 그때 우리 가족은 아버지의 안정된 수입으로 셋방살이를 막 벗어났고, 텔레비전과 전화를 갖추는 등 빈곤에서 빠져나와 중산층의 면모를 갖추기 시작했다. 5000달러를 달성한 시점은 1989년이었다. 그해에 나는 결혼했고 새로운 직장에서 분투하고 있었다. 1995년에는 드디어 1만 달러를 돌파했다. 그때 대기업 계열사의 중간 간부였으나 직업에 회의를 느끼며 다양한 출구를 모색했다. 2만 달러를 돌파한 건 2007년이었다. 그때는 프리랜서와 강사로 일하면서 진로를 놓고 다시 갈등하고 있었다. 2018년을 전후해 3만 달러를 돌파했다. 바로 그해 10년 가까이 근무한 공공기관에서 퇴직한 뒤 책을 읽고 글을 쓰는 제2의 인생을 시작했다.

국민소득과 연결해서 나의 지난날을 짧게 돌아보았다. 전체적으로 1인당 국민소득과 내 개인 소득이 비슷한 기울기로 상승하는 것도 아니었고, 내 소득과 내 행복(또는 삶의 만족)의 크기가 그리 깊은 상관관계를 보이지도 않았다.

1인당 국민소득이 2만 달러를 넘어선 시점에는 소득 증가가 반드시 행복으로 이어지지 않는다는 연구 결과가 나왔다. 곧 일정 소득 수준까지는 소득 증가와 행복의 정도가 동행하지만, 그 이후부터는 다른 요인들이 행복에 더 큰 영향을 미치기 시작한다는 것이다. 이를 '이스털린의 역설'이라고 부른다. 이 사실을 처음으로 밝힌 미국의 경제학자 리처드 이스털린의 이름에서 따온 명칭이다. 소득 증가보다 사회 비교, 자아실현, 공동체 참여 등 다른 요소들이 행복에 더 큰 영향을 미칠 수 있다는 뜻이다.

오늘날 우리는 어떤 나라가 잘사는지 판단할 때 자연스럽게 'GDP'의 숫자를 떠올린다. 이 수치는 마치 발전과 풍요의 당연한 상징처럼 여겨진다. 그러나 이 지표는 대공황과 제2차 세계대전이라는 특수한 상황에서 편의적으로 고안된 발명품이다.

그 시작은 1930년대 미국 대공황 시기로 거슬러 올라간다. 당시 미국 정부는 심각한 경기 침체를 타개하기 위해 경제의 총체적인 규모를 측정할 수 있는 도구가 필요했다. 이때 경제학자 사이먼 쿠즈네츠는 'GNPGross National Product'(국민총생산) 개념을 창안했다. GNP는 일정 기간에 국민이 창출한 총소득을 집계한 수치였고, 경제 회복과 정책 판단을 위한 기준으로 유용했다. 특히 제2차 세계대전 중에는 GNP가 군수 생산과 자원 동원의 기준으로 활용되며, 미국 전시 경제의 관리 도구로 자리 잡았다. 이후 냉전 시기에는 미국과 소련의 '체제 경쟁'을 수치로 보여주는 지표로 기능하면서 경제 규모가 곧 국력이라는 믿음을 확산시켰다.

GNP는 시간이 지나면서 '국내총생산Gross Domestic Product, GDP'으로 개념이 바뀌었고, 그 수치 하나로 '국가의 수준'을 판단하는 시대가 열렸다. 그러나 이 수치 중심의 발전관은 오늘날

국민총생산GNP 개념을 처음으로 창안한 사이먼 쿠즈네츠(1901~1985).

그 한계가 뚜렷하게 드러나고 있다.

1962년 GDP에 대한 열광이 정점에 오를 무렵, 쿠즈네츠는 자신이 개발한 지표가 여러 방식으로 잘못 읽히고 정치적 목적에 따라 조작될 수 있음을 깨달았다. 그는 생산에서 어떤 요소들이 성장해야 하는지 정하지도 않고, 성장의 대가와 비용이 무엇인지 따져보지도 않은 채 전체 성장률이 1년에 몇 퍼센트 상승해야 한다는 식으로 몰아대는 것은 불합리한 것이라며 자신이 창안한 개념을 스스로 비판했다. 메리 셰리 소설의 주인공 프랑켄슈타인처럼 자기의 창조물이 얼마나 위험한 것이 될 수 있는지 알게 된 것이다.《GDP의 정치학》에 나오는 얘기다.

"GDP는 커다란 거짓말 위에 세워진다."

GDP는 대기오염과 담배 광고 그리고 고속도로 위의 즐비한 시체를 수습하는 구급차까지 계산에 넣습니다. 또한 우리 집에 설치하는 특수 자물쇠와 그 자물쇠를 부수는 사람들을 가두기 위한 감옥을 유지하는 비용도 계산에 넣습니다. 삼나무 숲이 파괴되고, 무분별한 도시의 확장 속에서 자연의 경이로움이 사라지는 것도 포함됩니다. 네이팜탄도 계산에 넣고 핵탄두도 계산에 넣으며 도시 폭동을 진압할 경찰 장갑차도 계산에 넣습니다. (중략) 하지만 GDP에는 아이들의 건강, 그들이 받는 교육의 질, 그들의 놀이가 들어갈 자리는 없습니다. 우리 시詩가 갖는 아름다움이나 우리의 결혼이 갖는 결속력, 우리의 공적 토론이 갖는 지적 수준이나 우리 공무원들의 청렴성도 포함되지 않습니다. 우리의 위트나 용기도, 우리의 지혜나 배움도, 우리의 열정이나 애국심도 계산에 넣지 않습니다. 대신 모든 것을 간단히 계산해 냅니다. 우리의 삶을 가치 있게 만드는 것만 제외하고 말입니다.

미국의 35대 대통령 존 F. 케네디의 친동생이자 민주당의 대통령 후보로 암살당한 로버트 F. 케네디의 유명한 연설 내용이다. 《GDP의 정치학》의 저자는 이 말을 인용하면서 더욱 신랄한 비판을 덧붙인다.

GDP는 커다란 거짓말 위에 세워진다. 이 거짓말은 시장이 부의 유일한 생산자라고 말한다. 가격이 매겨지지 않는 것, 화폐에 기반을 둔 정형화된 금융 거래에 포함되지 않는 것은 그것이 우리 사회와 경제의 안녕에 얼마나 중요하든 간에 계산되지 않는다. 가격표는 GDP의 궁극적 상징이다. 끊임없는 생산과 끝없는 소비가 여기에 내재한 가치다. 내구성, 재활용성과 자가 생산은 최악의 적이다. 오래 가는 것들은 GDP에 해롭다. GDP는 한번 매겨진 가격으로만 계산될 뿐이기 때문이다. 이러한 패러다임 속에서 가계는 소비자의 철창으로 환원된다.

그렇다면 대안은 무엇인가? 이미 세계 곳곳에서 GDP를 넘어서는 새로운 지표들이 모색되고 있다. 부탄의 '국민총행복 GNH', 뉴질랜드의 '웰빙 예산', 라틴아메리카의 'Buen Vivir(좋은 삶)' 철학 등은 물질적 풍요보다는 삶의 질, 공동체의 연대, 생태의 회복력에 가치를 둔다. 경제학자들은 GPI(진정한 진보 지표), HDI(인간개발지수), 행복지수, 지속가능성지수 같은 다양한 대안 지표를 제안하고 있다.

어린 시절 동네 친구들과 함께 뛰놀던 골목과 공터는 대기업이 지은 브랜드 아파트에 파묻혀 버렸다. 어머니가 두부나 간장을 사러 가서 한참 수다를 떨다 오던 구멍가게가 있던 곳에서는 전국 어디에서나 똑같이 생긴 편의점의 알바생이 무심하게 손님을 맞이하고 있다. 라디오나 전축이 고장 나서 달려가면 언제든지 감쪽같이 고쳐주던 동네 전파상은 사라진 지 오래다. 그런데 과연 골목과 구멍가게와 전파상이 없는 지금이 더 행복하다고 말할 수 있을까?

우리에게 필요한 것은 더 많은 아파트, 더 많은 소비, 더 높은 수출액이 아니라, 서로를 돌보며 지속가능한 삶을 살아갈 수 있는 조건이다. GDP는 여전히 참고할 수 있는 하나의 지표일 수는 있지만, 그것이 삶의 전부가 되어서는 안 된다. 진정한 발전과 행복은 GDP의 숫자로는 결코 측정될 수 없다.

누구를 위한 시험이고,
무엇을 위한 경쟁이었나?

    몇 해 전 초등학교 졸업 40주년 행사에 참석했다. 거의 모두 그 초등학교가 있는 지방 소도시에 자리 잡고 사는 동창들 틈에서, 서울에서 살다가 내려간 나는 꿔다놓은 보릿자루처럼 행사 내내 뻘쭘하게 앉아 있었다. 그러던 차에 졸업 후 처음 보는 한 친구가 다가와 묻지도 않은 말을 늘어놓았다. 자신은 원래 공부를 잘했는데 3학년 때 아버지가 장사하다가 말아먹는 바람에 집안일을 돕느라 제대로 공부하지 못해서 성적이 나빴다는 내용이었다. 펼쳐놓고 회포를 풀 수 있는 공통의 경험이 얼마든지 있을 텐데, 왜 이런 얘기를 나한테 할까. 여러 정황으로 짐작건대, 제대로 공부했으면 나보다 훨씬 잘했을 거라는 점을 그는 말하고 싶은 것이었다. 환갑이 다 되어가는 나이에도 성적이라는 프레임으로 사람을 바라보는 태도가 여전하다는 사실을 확인하며 무척 우울했다.

그림에는 1967년 7월, 어느 초등학교(당시 국민학교)에서 '일제고사'를 치루는 학생들이 나타나 있다. '일제고사―齊考査'란 전국의 학교 또는 특정 지역 내의 모든 학교에서 모든 학생이 동시에(일제히) 치르는 형태의 시험을 뜻한다. 일제고사라는 공식 명칭의 시험은 1998년에 폐지되었지만, 2008년부터 시행되는 전국 단위의 각종 진단평가와 학업성취도평가를 지금도 일제고사라 칭한다고 한다.

시험이 시작되기 직전에 그림처럼 책가방을 책상 가운데에 낑낑대며 올려놓던 기억이 생생하다. 책가방은 책과 공책 등 학용품을 넣고 다니던 학습의 도구였을 뿐 아니라, 학생 상호 간 부정행위와 불공정 경쟁을 막는 벽이기도 했다. 함께 뛰놀던 짝도 책상 위에 가방을 세우는 순간 경쟁 상대나 감시 대상이 되어버리는 그 아이러니한 상황이 지난 세월 우리 교육의 질곡과 한계를 잘 말해준다.

시험 성적은 새로운 특권을 차지하게 해주는 뉴노멀

《우리들의 일그러진 영웅》은 정치 문제를 거론할 때 즐겨 인용되는 소설이다. 1950년대 말 지방 소도시의 한 초등학교 교실에서 벌어지는 사건을 통해 민주주의와 권력과 자유의 의미를 되새기게 해주는 내용이다. 이 작품은 대개 한 절대 권력자의 처참한 몰락이나 추종자들의 비겁한 행태를 비유할 때 한 편

1967년 7월 초등학교(당시 국민학교) 일제고사 광경.

의 우화처럼 소환된다. 그러다 보니 주인공 엄석대가 권력을 유지할 수 있는 핵심 요인이 바로 우수한 성적이었다는 사실을 놓치기 쉽다.

그는 시험을 볼 때 과목별로 공부 잘하는 급우에게 시험지를 자신의 이름으로 제출하도록 미리 손을 써놓았다. 그는 이런 식의 부정을 통해 항상 전 과목에서 거의 만점을 받고 줄곧 1등을 차지했다. 1등이라는 타이틀로 급장이 되었으며, 급장이라는 자격으로 담임교사의 위임과 묵인 아래 교실 안팎에서 무소불위의 권력을 휘두를 수 있었다. 그러다가 새로 부임한 담임교사에 의해 그 부정한 짓이 밝혀지면서 엄석대는 학교를 떠난다. 요컨대 권력을 가능하게 하는 핵심 요인은 부동의 1등이라는 빼어난 성적이었다. 1등이 유지되는 동안 그의 권력은 힘을 발휘하지만, 1등이 거짓으로 확인되는 순간 그의 권력은 처참하게 무너진 것이다. 시험 성적과 권력이 그만큼 강하게 밀착되어 있다는 것을 소설은 말해준다.

1949년의 토지개혁과 1950년부터 3년간 벌어진 한국전쟁으로 대한민국은 기득권과 특권이 없는 사회가 될 수 있었다. 그 이후 대략 1980년대 초반까지 '개천에서 용이 날 수 있는' 평등 사회가 어느 정도 조성되었던 것으로 보인다. 그런데 왕족도 귀족도 대지주도 사라진 무주공산에서 시험 성적은 새로운 특권을 차지하게 해주는 새로운 표준, 곧 당대의 뉴노멀로 작동했다. 많은 사람은 모두가 평등한 사회를 향하는 대신 시험에서 우수한 성적을 받아 새로운 특권층이 되려고 했다. 치열한 경쟁을 거쳐 우수한 시험 성적으로 명문 중·고등학교를 거쳐 명문대로 가는 길을 추구했고, 그중 일부는 가장 어려운 시험인 고등고시에 합격하는 길을 선택했다(여기서 고등고시는 행정고시, 사법고시, 외무고시를 통칭하는 개념이다).

한국인들에게 고등고시는 '과거'의 후신이었다. 과거급제는 이 도령이 탐관오리 변학도의 부당한 형벌로 갇혀 있던 춘향이를 구출하고 재회할 수 있게 만든 힘이었다. 전근대적 출세와 권력 획득의 상징인 과거급제가 고시 합격으로 이름을 바꿔 똑같은 의미로 작동하고 있다는 건 대한민국이 여전히 전근대적 사고와 제도에서 벗어나지 못했다는 뜻이다.

한국 영화 최초로 베를린영화제 본상(심사위원 특별 은곰상)을 받은 영화 〈마부〉(1961년)와 극장 관객들이 영화 상영을 멈추게 하고 복도에 나와 텔레비전으로 보았다는 드라마 〈여로〉(1971년)에서도 아들의 고등고시 합격은 그 이전의 고난과 갈등을 일거에 해소하는, 일종의 '데우스 엑스 마키나Deus Ex Machina'였다. '데우스 엑스 마키나'란 그리스 연극에서 사용된 무대 기법의 하나로, 초자연적 힘을 이용해 극의 긴박한 국면을 타개하고 결말로 이끌어 가는 기법을 말한다.

성적에 따른 우열의 논리는 전체주의와 통한다

김누리 교수는《경쟁교육은 야만이다》에서 "우리 아이들

의 세상에는 하나의 정답만이 존재한다는 믿음을 신념화한 결과, 다시 말해 시험의 정답을 물신화함으로써 깊은 사유의 공간을 결여한 무사유의 인간, 지배 이데올로기를 무비판적으로 내면화한 노예적 인간으로 길러진다"라며 지금까지의 교육제도를 신랄하게 비판한다. 또한 한국인은 경쟁 이데올로기, 능력주의 이데올로기, 공정 이데올로기라는 3중의 감옥에 갇힌 수인이라고 진단하면서 "경쟁교육은 한국인을 잠재적 파시스트로 만들었고, 능력주의는 한국을 헬조선으로 전락시켰으며, 공정주의는 한국 사회를 불평등과 차별의 사회로 고착시켰다"라고 평가한다.

사회학자 오찬호는 《우리는 차별에 찬성합니다》에서 우리 사회가 대학을 서열화한 학력 위계주의 사회임을 지적하면서 "모두가 누군가를 멸시하고 누군가에게 멸시받는다. 그래서 '보란 듯이 갚아주겠다'는 자기 계발에 몰두한다. 그러나 이건 늘 다시 원점으로 돌아오는 순환 고리에 갇힌다. (중략) 이것으로 악전고투의 현실을 탈출할 수 있으리라 기대하는 이십대의 자기 긍정은 결국 '덫'이요 '늪'일 뿐이다"라고 단정한다.

40여 년 전 책상 위에 가방을 올려놓고 옆 짝과 나를 구분하는 순간 전쟁터가 되어버린 교실에서, 나는 승자의 오만함과 패자의 열등감을 동시에 내면화하지 않았을까? 그 결과 나보다 더 공부 잘했고 더 좋은 대학을 나온 사람 앞에서는 패자가 되어 작아졌고, 나보다 공부 못하고 더 나쁜 대학을 나온 사람 앞에서는 승자가 되어 오만해졌던 게 아닐까?

우리는 지난 수십 년 동안 성적과 경쟁이라는 교육의 틀 속에서 자라면서 우열을 나누고 우월한 존재가 열등한 존재를 억압하고 지배하는 것이 정당하다는 논리를 내면화해 왔다. 그런데 그런 사고방식이 바로 파시즘이나 전체주의와 통한다는 사실을 이제는 깨달아야 한다. 얼마 전까지 우리가 거의 매일 보았던 어느 시대착오적 파시스트, 서울법대 출신으로 엘리트 코스를 밟았던 그 인물은 바로 그런 인식이 극단에 이르렀을 때 나온 결과물이 아니겠는가.

다시, 희미한 옛사랑의 그림자

팬데믹으로 인한 사회적 거리두기가 끝나갈 무렵, 오랜만에 같은 대학, 같은 학과 동기 다섯이 뭉쳤다. 원래 분기마다 한 번씩 하는 모임이지만, 팬데믹 탓에 근 일 년 만에 얼굴을 마주한 것이다. 가볍게 등산하고 저녁 식사와 함께 술잔을 나눴다. 탄력을 잃은 불콰한 얼굴과 아재 개그라고 놀림받는 실없는 농담을 뒤로하고 귀가하는 지하철 안에서, 아련한 기억을 비집고 문득 한 편의 시가 떠올랐다. 김광규 시인이 1982년 발표한 〈희미한 옛사랑의 그림자〉였다. 4.19세대의 회한을 그린 그 시는 이렇게 시작된다.

4.19가 나던 해 세밑
우리는 오후 다섯 시에 만나

반갑게 악수를 나누고
불도 없이 차가운 방에 앉아
하얀 입김 뿜으며 열띤 토론을 벌였다

  시에 등장하는 그들이 대학을 다닌 지 20년 뒤 5.18이 나던 해에 대학생이 된 우리는, 늘 매캐한 최루탄 냄새를 맡고, '짭새'들의 번득이는 시선을 느끼며 캠퍼스를 오르내렸다. 그중에는 열혈 운동권 친구도 있었고, 그만큼은 아니었지만 대체로 역사의 질곡과 공동체의 아픔에 공감하고 공동선을 위한 삶을 고민하던 친구도 있었다. 영어 공부나 고시 공부에 빠진 친구들을 개인의 영달만을 추구하는 일차원적 인간으로 은근히 경멸하면서, 전공 공부는 제쳐두고 동아리나 학회 등에서 저마다 한국 근현대사나 서양 경제사나 변증법 등을 밑줄 쳐가며 공부했다. 강의실을 떠나 잔디밭이나 술집에서 역사니 민중이니 계급이니 하는 거대 담론을 놓고 열띤 토론을 벌인 적도 많았다.

  지금은 어쩌면 그 무엇도 아닌 존재가 되어
  그러다가 어느덧 졸업반이 되었고 국가보안법으로 실형을 받은 운동권 친구 말고는 각자 요령껏 취직해서 말단사원으로 대망의 1990년대를 맞았다. 공산권 붕괴와 이념의 몰락 그리고 본격적인 소비사회로의 진입을 지켜보면서 언제부터인가 스무 살 즈음의 '옛사랑'을 기억의 상자 깊숙이 묻어둔 채, 각자 결혼해서 적금을 붓고 자식을 낳아 기르며 나름 사람값을 하고자 열심히 무엇인가를 해왔다. 시인은 이렇게 말한다.

> 그로부터 18년 오랜만에
> 우리는 모두 무엇인가 되어
> 혁명이 두려운 기성세대가 되어
> 넥타이를 매고 다시 모였다
> 회비를 만 원씩 걷고
> 처자식들의 안부를 나누고
> 월급이 얼마인가 서로 물었다
> 치솟는 물가를 걱정하며
> 즐겁게 세상을 개탄하고
> 익숙하게 목소리를 낮추어
> 떠도는 이야기를 주고받았다

그로부터 40년, 그들처럼 우리도 인생의 하산 길에서 다시 만나기 시작했다. 정년 없는 전문직이라 아직 무엇인가로 남아 있는 친구도 있지만, 대개는 사기업, 공기업, 연구기관에서 한때 무엇인가가 된 다음 지금은 어쩌면 그 무엇도 아닌 존재가 되어 다시 모인 것이다. 다들 무엇 하나 제대로 이룬 것 없이 세월만 흘렀다는 자괴감을 조금씩 안고 있었으며, 앞으로도 무엇이든 하지 않으면 안 된다는 압박도 적잖이 받고 있었다.

그날 우리가 막걸리와 함께 식탁 위에 펼쳐놓은 것은 자식들 혼사 문제며 연금 수령액이며 집값 문제 따위의 기본 안주에다가, 대한민국 성인 남자에게 빼놓을 수 없는 메인 안주인 정치 얘기였다. 사실 나는 만나기 전 정치 얘기는 하지 말자고 제안하는 글을 단톡방에 올렸다. 이전 만남에서 정치 얘기가 나올 때마다 뒷마무리가 좋지 않았던 기억 때문이다. 하지만 정치 얘기 말고는 딱히 긴 시간을 진지하게 대화할, 아니 격렬하게 논쟁할 묵직한 소재가 없어서인지 대화의 물줄기는 자연스럽게 여의도 쪽으로 흘러갔다.

나는 정치 얘기를 꺼내려면 몇 가지 가이드라인을 지키자는 또다른 제안을 했다. 첫째, 자신이 지지하지 않는 정치인이나 정당을 가급적 비판하지 말 것. 둘째, 혹 비판하더라도 이 자리에는 그 정치인이나 정당을 지지하는 친구도 있음을 고려해 과도한 비난은 삼갈 것. 셋째, 설사 비난하더라도 그 정당이나 정치인을 비난해야지 그 지지자를 비난하지는 말 것. 넷째, 자신이 접한 정보와 정보원에는 응당 오류와 편향이 있음을 인정하고 이들을 절대적으로 옹호하는 태도를 버릴 것.

체 게바라의 얼굴처럼 박제된 혁명

그날 대화는 그 가이드라인을 수시로 침범했지만, 그래도 그 때문인지 여느 때와 달리 그리 과열되지 않았다. 하지만 목청을 높이지 않았다뿐이지 실은 그날도 우리의 의견은 팽팽하게 갈렸다. 어떤 친구는 진보 세력을 강경하게 비난하며 보수 기득권 세력을 비호했고, 어떤 친구는 특권과 지대의 폐해를 강조하며 개혁이나 평등 같은 진보의 가치를 옹호했다. 똑같은 정당과 정치인을 놓고도, 어떤 친구에게 그것은 여전히 열렬한 지지의 대상이었지만, 다른 친구에게는 변함없이 극렬한 비난의 표적이었다. 스무 살을 갓 넘긴 청년 시절에는 비슷한 환경과 조건에서 비슷한 책을 보고 비슷한 고민을 한 친구들의 정치관이 40년 후 이렇게까지 달라질 수 있구나 하는 생각에 귀가하는 지하철에서 내내 착잡하고 우울했다.

    보수 기득권 세력을 비호한 친구가 있었지만, 사실 그는 거기서 콩고물 한 점 얻어먹은 적도 없었고 앞으로도 그럴 입장이 되지 못할 것이다. 진보의 가치를 옹호한 친구도 있었지만, 따지고 보면 그에게 그건 자신이 응원하는 프로야구팀이나 자신이 즐겨 먹는 라면 브랜드가 왜 좋은지를 강변하는 일과 크게 다르지 않았을 것이다. 혹 혁명 비슷한 주장을 펼쳤다고 해도 실은 그건 삶 전체를 건 혁명이 아니라 티셔츠에 박힌 체 게바라의 얼굴처럼 박제된 그 무엇이었다. 시 속의 그들은 혁명을 두려워했다지만, 우리는 혁명을 하대하고 있었다.

    우리의 옛사랑이 피 흘린 곳에
    낯선 건물들 수상하게 들어섰고
    플라타너스 가로수들은 여전히 제자리에 서서

아직도 남아 있는 몇 개의 마른 잎 흔들며
우리의 고개를 떨구게 했다
부끄럽지 않은가
부끄럽지 않은가
바람의 속삭임 귓전으로 흘리며
우리는 짐짓 중년기의 건강을 이야기하고
또 한 발짝 깊숙이 늪으로 발을 옮겼다

시의 화자는 애써 옛사랑을 기억해 냈으나 남아 있는 것은 그것의 희미한 그림자일 뿐이었다. 그래서 부끄러움을 느꼈지만, 그마저도 귓전으로 흘려버렸다고 쓸쓸히 고백하고 있다. 여기서 옛사랑은 꼭 혁명이 아니어도 좋을 것 같다.

우리에게도 '옛사랑'은 분명히 있었다. 하지만 지금은 말라비틀어진 그 옛사랑을 아련한 기억의 상자 속에 처박아 둔 데 대해 우리 중 그 누구도 부끄러워하지 않는 듯했다. 시 속의 그들은 당시 마흔 살 전후의 중년이었고 지금 우리는 환갑을 전후한 초로의 신중년이 아니냐, 그리고 당시는 아직 군사정권의 서슬이 퍼런 1980년대 초였고 지금은 천지개벽이 일어난 21세기 하고도 20년이 더 지난 시점이지 않느냐. 아마도 다들 그렇게 그 부끄러움의 부재를 변명하며, 그 시의 화자처럼 또 한 발짝 깊숙이 늪으로 발을 옮겼을 것이다.

'웰빙'의 아이러니

2000년대 초반, 우리 사회에는 웰빙 광풍이 불었다. 당시 웰빙의 뜨거운 열기는 주부들이 유기농 음식을 구매하도록 이끌었고, 직장인들이 술자리 대신 헬스클럽이나 요가센터를 찾도록 했으며, 미혼 여성들이 패스트푸드나 육류 대신 다이어트 식품에 관심을 갖게 만들었다. 사람들은 향긋한 스파나 발 마사지를 즐겼고, 술·담배 대신 아침 일찍 조깅을 하거나 인라인스케이트를 탔다. 주말에는 다양한 레포츠에 참여하거나 여행을 떠났다. 집에서는 아로마 테라피나 반신욕으로 피로를 풀기도 했다.

광고업계와 마케팅업계는 발 빠르게 움직였다. 2004년에 나온 《웰빙 마케팅》에 따르면, 탄산이나 카페인 대신 비타민을 다량 함유해 박카스의 아성을 무너뜨린 '비타500', 디지털 웰빙이라는 컨셉 아래 개성을 추구하는 웰빙족의 심리를 꿰뚫은 MP3 플레이어 '아이리버', 자연주의 화장품의 대중화라는 기치를 내건 '더페이스샵'이 웰빙 트렌드에 신속하게 대응한 대표 성공사례였다. 여기에 디지털 기술에 친환경 개념을 결합한 몇몇 아파트 브랜드 등도 그 목록에 추가될 수 있겠다. 어디 그뿐이랴. 당시 거의 모든 기업과 제품이 웰빙 컨셉을 도입했다고 해도 지나친 말이 아니다.

당시 미국의 경제학자이자 미래학자인 폴 제인 필저는 정보화 사회의 다음 단계로 '웰빙 혁명'의 물결이 밀려올 것이라고 전망했다. 결과적으로 그 전망은 반은 맞고 반은 틀렸다. 웰빙이 지속적인 흐름으로 이어진 것은 사실이지만 정보화시대와 견줄 만한 혁명이 되지는 않았기 때문이다. 그렇게까지 호들갑을 떨 일은 아니었지만, 그래도 그런이나 친환경 개념을 넘어 정신적 여유와 마음의 평화까지 추구함으로써 삶의 질을 높인다는 웰빙은 인류가 지향해야 할 긍정적 가치임이 분명하다.

그런데 나는 들불처럼 번지던 웰빙 광풍에 강한 거부감을 가지고 있었다. 우선 개념의 유래와 형성 과정 등 여러 측면에서 웰빙의 기원과 사용 사이에 큰 틈이 벌어져 있다고 생각했기 때문이다. 그래서 '계보학적 접근'을 통해 나름 그 진실을 확인해 보았다.

웰빙은 원래 소비문화를 거부하는 히피들이 추구하는 삶

'웰빙'이란 말은 원래 '히피'들이 추구하는 이상적 삶의 모습으로 제시된 것이라고 한다. 히피는 자유를 중시하고 기존의 사회제도를 부정했던 1960년대 미국의 젊은이들을 가리키는 말이다. 이들은 평화를 사랑하고 자연으로의 회귀를 외치며 인간성이 상실된 전쟁과 물질문명에 분노했다. 히피문화는 1960년대 중반 태평양 연안의 샌프란시스코를 중심으로 일어났다. 샌프란시스코는 뉴욕과 함께 반전 평화운동, 인권운동 같은 사회운동이 가장 활발히 전개되었던 곳으로, 진보적인 시인, 화가, 음악가 등 문화예술인들과 이에 동조하는 젊은이들이 모여 히피들의 온상이 되었다.

'꽃의 아이들Flower Children'로도 불린 히피들은 기득권과 자본주의적 소비문화를 거부하고 '사랑과 평화와 공동체적 삶'을 이상으로 삼아 자유롭고 자연스러운 삶을 추구했다. 히피족은 1950년대 미국에서 매카시즘에 대응해 뭉친 비트족의 맥을 잇고 있다. 비트족의 정신은 서구 문명에 대한 반발과 동양문명에 대한 경도, 엄숙한 금기에 대한 거부와 자유로운 쾌락의 추구에 있었다. 요컨대 히피문화의 지향점인 웰빙이란 원래 반자본주의, 반소비문화, 기성세대와 문명에 대한 거부, 자연 예찬의 삶 등이었다.

그런데 2000년대 초반 한국의 웰빙은 소비문화의 반대편에 있기는커녕 소비의 가장 강력한 준거로 작동하고 있었다. 웰빙에서 추구하는 자연은 교환가치로 환산된 자연일 뿐 자연 그 자체는 결코 아니었다. 반소비문화의 핵심 개념이 소비문화의 유토피아로 자리 잡은 이 아이러니를 과연 어떻게 설명할 수 있을까?

소비자로서 우리는 가장 행복하고 '멋진 신세계'를 살고 있는 것처럼 보인다. 10년 전, 아니 5년 전까지만 해도 상상할 수 없었던 편리와 쾌적, 품격, 행복이 바로 우리 곁에서 우리에게 손짓한다. 우리 대부분은 부모 세대보다 더 많은 돈을 벌면서 물질적으로 풍요로운 삶을 누리고 있다. 쉽게 비교해 보더라도 부모 세대는 PC도, 인터넷도, 핸드폰도 없이 살았지만 우리는 그렇지 않다. 더구나 지금은 AI가 인류의 삶에 얼마나 혁명적 편익을 가져다 줄지 가늠하기조차 어렵다.

그런데 아직도 대다수 인류는 과거보다 더 많은 시간을 일에 쏟고 있으며, 일이 아닌 삶에 할애하는 시간과 에너지는 점점 줄어들고 있다. 주 5일 근무와 워라벨의 확산을 말하려 하겠지만, 그렇게 생긴 여가시간은 또다른 의미의 노동, 곧 소비의 노동을 위해 바쳐진다. 1930년대 케인스는 앞으로 100년 후 영국은 경제적으로 여덟 배나 잘살게 될 것이며, 따라서 원하는 사람은 일주일에 15시간 정도만 일하면 될 것이라는 희망의 예언을 했다. 그가 정한 시한이 다가오고 있지만 아무리 생각해도 요원한 일이다.

"대지의 따뜻함을 어떻게 사고판다는 말인가."

물질적으로는 풍요롭고 소비문화는 만발하게 피었는데, 왜 우리는 점점 더 살기 힘들다고 생각하는 걸까? 미국 클린턴 정부에서 노동부 장관을 지낸 로버트 라이시는 《부유한 노예》에서 이렇게 말했다.

> 소비자로서의 우리가 더 좋은 조건으로 쉽게 바꿀 수 있게 되면 될수록 판매자로서의 우리는 모든 고객을 유지하고, 기회를 포착하고, 계약을 성사시키기 위해 더 힘든 싸움을 할 수밖에 없다. 그 결과 우리의 삶은 더욱 더 필사적인 모습을 띠게 된다.

그는 '우리' 대부분이 소비자인 동시에 생산자라는 사실에 주목한다. 곧 소비자에게 값싸고 좋은 상품을 선택할 자유를 보장하려면, 생산자의 높은 노동 강도가 전제되어야 한다는 점을 지적한 것이다. 여기서 '우리'는 미국인을 지칭하겠으나 한국인이라고 다를 것은 없다. 대다수 사람은 소비자로서, 다양한 웰빙 제품과 브랜드가 제공할 쾌적과 여유, 편리와 행복의 삶을 떠올리며 단꿈에 젖어 있을지도 모른다. 하지만 대다수 사람은 또한 생산자로서, 자신의 소비자에게 경쟁자보다 더 쾌적하고 더 값싸고 유용한 제품과 서비스를 제공하기 위해 더 필사적으로 일해야 한다. 그 소비자가 바로 그 생산자 아니겠는가. 이것이 라이시가 지적한 현대인의 모순적 삶이다.

2장 달콤쌉싸름한 특권의 맛

미국 워싱턴 근교에 인디언 수콰미쉬족이 살고 있었다. 이들은 백인에게 밀려 어쩔 수 없이 땅을 팔고 거주지를 떠나게 되는데, 그 직전 추장은 감동적인 연설을 했다. 다음은 《나는 왜 너가 아니고 나인가》에 실려 있는 당시 연설문의 일부다.

위대하고 훌륭한 백인 추장은 우리의 땅을 사고 싶다는 제의를 했다. 우리는 우리의 땅을 사겠다는 당신의 제안에 대해 심사숙고할 것이다. 나의 부족은 물을 것이다. 백인 추장이 사고자 하는 것이 무엇인가를. 우리로서는 무척 이해하기 힘든 일이다. 어떻게 우리가 공기를 사고팔 수 있단 말인가. 대지의 따뜻함을 어떻게 사고판다는 말인가. 우리로선 상상조차 하기 힘든 일이다. 부드러운 공기와 재잘거리는 시냇물을 우리가 어떻게 소유할 수 있으며 또한 소유하지도 않은 것을 어떻게 우리로부터 사들이겠단 말인가. 대지는 인간의 소유물이 아니며, 인간이 오히려 대지의 소유물이다. 그것을 우리는 안다.

좋은 가치를 상품화하면 변질되거나 저평가된다

마이클 샌델은 《돈으로 살 수 없는 것들》에서 지난 30여 년간 시장과 시장가치가 이전에는 상상하지 못했던 영역에까지 스며들었다고 지적하면서, 인간적인 미덕이나 좋은 가치를 상품화하면 변질되거나 저평가된다는 점을 강조했다. 또 그는 "우리는 정당하게 행동함으로써 정당해지고, 절제함으로써 절제하

티베트 플루트로 명상 음악을 연주하는 티베트인.

는 사람이 되고, 용감하게 행동함으로써 용감해진다"라는 아리스토텔레스의 말을 소개하면서, 이타주의·관용·연대·시민정신과 같은 미덕은 고갈되는 상품이 아니라, 오히려 운동하면 발달하고 더욱 강해지는 근육에 가깝다고 비유한다. 그런 이유로 시장지향 사회의 문제는 이런 미덕이 쇠약해지도록 방치하는 점이라고 비판했다.

모든 것이 교환가치로 바뀌고 있다. 히피들이 문명과 소비의 대척점에 놓고 간절히 갈구하던 웰빙의 삶도 교환가치로 변했다. 이제 가치화의 그늘에서 비켜선 영역은 갈수록 사라지고 있다. 물, 공기, 바람, 햇살 등 자연 고유의 영역만이 아니라 가족, 이웃, 정, 만남, 우애 등 인간 고유의 영역까지 화폐로 환산되는 세상이 곧 펼쳐질지 모른다.

비혼非婚의 강을 건너며

　　서른이 지난 외동아들에게 슬쩍 결혼 얘기를 꺼냈더니, 자신은 결혼하지 않을 수도 있다는 단호한 대답이 돌아왔다. 둔기로 머리를 한 대 맞은 기분이었다. 비혼이 하나의 사회현상으로 세력을 키워가고 있다는 사실을 알고는 있었지만, 어느 날 갑자기 이렇게 내 실존의 영역 안으로 쑥 들어오리라고는 미처 생각하지 못했다.

　　나는 당장 그 이유를 묻지는 않았다. 평소에 살갑게 대화하는 사이가 아니기도 했고, 예상치 못한 대답에 당혹스러워서도 그랬지만, 따로 날을 잡아 서로의 속내를 털어놓고 진솔한 대화를 나누어야 할 사안인 것 같아서였다. 요즘 청년들은 왜 결혼하지 않으려 할까? 왜 그들은 인간의 사회적이고 생물학적인 역할을 포기하려는 걸까? 이 사태에 대해 어느 입장을 가져야 옳은가? 나는 조만간 아들과 비혼 문제로 대화의 멍석을 펼치려면 철저한 준비가 필요하다고 판단했다. 그래서 현상에 대한 파악과 이론을 통한 탐구를 병행하며 대비에 들어갔다.

자유주의자의 자유관을 닮은 비혼의 논리

나는 먼저 현상 파악에 나섰다. 검색해 보니 2018년 12월 〈SBS 스페셜 – 결혼은 사양할게요〉라는 프로그램이 방영되었다. 결혼을 꼭 해야 한다고 생각하는 비율이 처음 50퍼센트 아래로 떨어졌다는 통계청 사회조사 결과가 발표된 것이 2018년 11월이었는데, 바로 그다음 달에 이 시사·교양 프로그램에서 비혼 문제를 다루었던 것이다.

이 프로그램에서 청년들은 이렇게 말한다. "(결혼하면) 배우자로서의 역할, 며느리로서의 역할, 무슨 역할, 무슨 역할, 무슨 역할…. 내가 원하지 않은 수많은 역할이 갑자기 생겨나고…." "결혼은 표준화? 그런 느낌이 들어요. 공장이 있고 컨베이어벨트가 있는데 그 안에서 거쳐야 하는 공정이 있고 (결혼이) 그중에 하나라는 느낌이 들어요."

이 프로그램에는 비혼을 주장하는 딸과 결혼을 강권하는 아버지가 대화하는 장면이 나온다. 아버지는 "결혼하면 떠나는 게 아니라 가족을 만들어서 자식을 만들어 주고 손자를 만들어 주니까 더 행복하게 만들어 주는 거지, 가족을"이라고 주장하고, 딸은 "나는 아빠 행복하게 해주려고 결혼하는 게 아닌데"라고 반박한다.

    이 프로그램에서 비혼을 지지하는 청년들의 견해를 요약하면, 결혼 문제와 관련해서 한 개인이 자발적으로 선택할 수 있는 자유가 충분히 보장되어야 하며, 자신이 스스로 선택하지 않은 역할을 인정할 수 없기에 결혼을 부정적으로 본다는 얘기다. 결혼을 강권하는 아버지의 견해는, 다소 거칠고 강압적인 말투를 다듬어 진의를 살려 해석해 보면, 누구나 개인이기 이전에 가족의 구성원이므로 가족이라는 공동체의 일원으로서 역할에 충실해야 한다, 그러려면 결혼해서 행복이라는 공동선을 함께 실현해 가야 할 의무를 져야 한다는 것이다.

    그런데 신기하게도 이런 대립 구도는 정치철학자 마이클 샌델이 설정한 '자유주의적 자유' 대 '공화주의적 자유'의 대립 구도와 절묘하게 닮았다. 샌델은 《당신이 모르는 민주주의》에서 미국 역사를 이 두 가지 자유의 대립 양상을 통해 설명한다. 샌델의 관점에서 '자유주의적 자유'와 '공화주의적 자유'는 미국 민주주의 역사를 이루는 두 개의 기둥인 셈이다.

    그에 따르면, 미국 민주주의 역사 초기에는 공화주의적 자유관이 우세했고, 19세기 후반에서 20세기를 넘어가는 시기에 두 자유관이 치열하게 경쟁하다가, 20세기 중반 이후 자유주의적 자유관이 승리한 다음 지금껏 권력을 장악하고 있다. 요컨대 미국 민주주의의 역사는 자유주의적 자유관이 공화주의적 자유관을 밀어내는 과정이었다.

자유주의 이론에서 자유는 개인이 자기 가치관과 목적을 자발적으로 선택할 수 있다는 발상이 중심이며, 공화주의 이론에서 자유는 시민의 자치 참여 여부에 달려 있다는 발상이 중심이다. 자유주의적 자유관에 따르면, 자유는 자신의 가치관과 목적을 선택하는 개인의 역량에 달렸다. 반면 공화주의적 자유관에 따르면, 좋은 삶의 실현이 중요하며 좋은 삶을 위해서는 동료 시민들과 함께 공동선을 생각하고 공동체의 운명을 함께 만들어 간다는 자치 의식이 필요하다. 자유는 자치에 참여하는 과정에서 생기는 가치 또는 감정이므로, 공적인 일에 대한 지식, 공동체에 대한 소속감, 전체를 생각하는 관심, 도덕적 유대감 등의 역량이 요구된다.

알고 보니 청년들의 비혼 의사에 깊이 영향을 미치는 요소는 무엇보다 그들의 자유주의적 자유관이었다. 이 자유관으로 인해 그들은 자신이 자발적으로 선택하지 않은 관계와 문화를 강요하는 기존의 결혼제도에 저항하는 것이었다. 자유주의적 자유관은 공동선을 중시하는 기성세대의 공화주의적 자유관과 첨예하게 대립하는 중이다. 자유주의적 자유관을 가진 아들의 비혼 의사 표명으로 공화주의적 자유관을 가진 내가 당혹스러워하는 건 지극히 당연한 일이었다.

미국 역사에서처럼 우리의 결혼 현상에서도 과연 두 자유관이 대립하다가 끝내 공화주의적 자유관이 자유주의적 자유관에 무릎을 꿇는 일이 벌어질까? 그러다가는 샌델의 말마따나 우리나라도 미국처럼 박탈감·불안감·상실감·위축감이 일상화된 사회가 되는 건 아닐까? 아들을 이해하게 되었지만 걱정스러운 감정이 드는 건 어쩔 수 없었다.

비혼과 비출산의 원인을 설명해 주는 밈 이론

다음으로 나는 짝짓기에 관한 진화론의 해석에 주목했다. 진화생물학자 리처드 도킨스는 《이기적 유전자》에서 인간은 유전자의 운반기계라고 했다. 유전자는 오로지 자신의 이익에만, 곧 생존과 번식을 통해 자신의 전파와 확산에만 몰두하고, 인간은 그 유전자의 의도가 성사되도록 돕는 하수인일 뿐이라는 얘기다. 그렇다면 왜 갈수록 출산율이 떨어지고 비혼자나 비출산 및 무자녀 부부가 늘어나고 있을까? 기존 진화론에 따라 인간이 유전자의 충직한 하수인이 되려면, 유전자라는 주인님의 지엄한 명령을 받들어 왕성한 짝짓기를 통해 마구마구 2세를 낳아야 하는 것 아닌가?

이에 대해서는 대개 교육비와 보육비 등 경제적 여건이나 맞벌이 부부의 증가에 따른 돌봄의 어려움이 그 주요 원인으로 지적되곤 한다. 하지만 그건 사회학적 해명이고, 진화생물학이나 진화심리학 등 기존의 진화론에서는 이에 대해 변변한 해명을 내놓지 못하는 듯하다. 인간이 '유전자의 폭정에 저항'하고 있다는 것이 내가 기억하고 있는 가장 유력한 해명이다.

유전자의 폭정에 저항한다고? 언제는 인간을 유전자의 하수인이라며 나약하고 비굴한 존재로 깎아내리더니, 이제는 그 폭정에 저항할 만큼 주체적이고 능동적인 존재로 한껏 띄워주니 당황스럽다. 인류 역사에서 노예나 검투사가 반란을 일으켰다는 이야기는 들어봤으나 그 반란이 성공했다는 말은 들어보지 못해서 그런지, 해명으로서 왠지 궁색하다.

인간의 이타성 문제도 그렇다. 이 책에 따르면 기존 진화론에서는 인간의 이타성을 '근연도近緣度, Degree of Relatedness'(두 사람의 혈연자가 한 개의 유전자를 공유하는 확률), 상호적 이타성, 수렵채집 시대의 잔재, 유전자의 실수 등 여러 가지로 설명한다. 물론 여기서도 유전자의 '폭정에 대한 저항'이 등장할 수 있을 것이다. 하지만 왠지 궁색한 해명으로 보이기는 마찬가지다. 45년간 이국에서 빈민과 병자와 고아를 위해 몸과 마음을 바친 테레사 수녀의 헌신이 수렵 채취 시대의 잔재였다는 말일까? 노동자의 권리를 외치며 분신한 갓 스무 살 청년 전태일의 희생이 유전자의 실수였다는 말일까? 마땅한 논거가 없어서 해명이 어설퍼졌다는 의심이 든다.

비혼·비출산 문제에 대해서든, 이타성 문제에 대해서든 그 이유가 '밈Meme의 전파'라고 명쾌하게 답할 수 있다는 것이 《밈》의 저자 수전 블랙모어의 입장이다. 그녀는 이렇게 말한다. "우리는 다음 세대에 유전자를 최대한 많이 남기겠다는 의도로 섹스하지 않는다. 섹스라는 행위, 그 즐거움, 그에 관한 마케팅을 원래의 번식기능과 대체로 분리시켰다. (중략) 섹스는 밈의 전파 수단이다." 섹스와 번식기능을 같은 것으로 바라본 기존의 진화론과는 완전히 다른 놀라운 해석이다.

'밈'이란 단어는 도킨스가 《이기적 유전자》에서, 앞에서 살펴본 것처럼 기존의 진화론이 설명하지 못하는 허점을 보완하기 위해 일종의 화두를 던지는 의미로 할애한 하나의 장(11장)에 처음 등장한 개념이다. 인간에게는 생물학적 복제자(제1의 복제자)인 유전자 말고도 문화를 창조하는 또 하나의 복제자가 있다는 일종을 가설을 세우고, 그 제2의 복제자를 '밈'이라고 명명한 데에서 유래했다. 밈 개념은 《이기적 유전자》가 발표된 1976년 이래 활발히 논의되지 못하다가, 심리학 기반의 과학 저술가 블랙모어에 의해 1999년에야 비로소 《The Meme Machine》이라는 저서로 정리되어 출간되었다. 우리나라에는 2010년 《밈》이라는 이름으로 번역되어 나왔다.

"성은 이미 밈에 장악되었다."

밈은 학술적으로 정립된 개념이 아니다. 그리고 '밈학'은 아직 미완성의 영역이어서 그 정의가 다양하다. 도킨스는 《이기적 유전자》에서 "한 사람이나 집단에서 다른 지성으로 생각 혹은 믿음이 전달될 때 전달되는 모방 가능한 사회적 단위를 총칭한다"라고 했고, 옥스퍼드 영어사전에는 "문화의 구성 요소로서, 가령 모방과 같은 비유전적 방법을 통해 전달된다고 여겨지는 것"이라고 나와 있으며, 블랙모어의 《밈》에서는 "어떤 행동 수행에 관한 지침으로서 뇌에 저장되어 있으며 모방에 의해 전달되는 것"이라고 보다 정교하게 정의하고 있다.《밈》의 부제인 "문화를 창조하는 새로운 복제자"도 밈을 쉽게 이해할 수 있는 표현이다.

밈에 관한 어떤 정의든 핵심은 "뇌에서 모방에 의해 전달된다"라는 점이며, 이는 제1의 복제자인 유전자가 "세포에서 생식에 의해 전달된다"라는 점에서 차이가 있다. 디지털 미디어에서는 젊은 세대들 사이에서 유통되는 '짤'(또는 '짤방')을 뜻하기도 한다. 하지만 블랙모어에 따르면 단어, 개념, 이야기, 정보, 지침, 기술, 습관, 행동, 놀이, 노래, 규칙 등 모방을 통해 전달될 수 모든 요소가 밈이다.

밈 이론은 기존의 진화론이 난감해하거나 머뭇거리는 많은 문제를 단칼에 처리해 준다. 비혼·비출산 및 이타성 문제만이 아니라 인터넷 미디어의 등장과 확산의 이유도 밈의 관점에서 보면 명쾌하게 해명된다.

수직적 전달만 가능한 유전자와 달리, 밈은 수평적·사선적 전달이 가능한 복제자다. 곧 유전자가 자식에게만 전달되는 복제자라면, 밈은 자식은 물론 친구, 동료, 선후배 등 지인들에게도 전달될 수 있는 복제자라는 것이다. 이론상으로는 심지어 부모나 조부모를 향한 상향식 전달도 가능하다. 전달 수단이 생식이 아니라 모방이기 때문이다.

이 책에 따르면, 유사 이래 밈은 책, 전화, 편지, 라디오, TV

등 다양한 아날로그 복제 도구들의 탄생 조건이 되어왔으며, 1990년대 이후 인터넷의 대중화를 일으켰고 이를 통해 SNS 등 다양한 미디어의 폭증을 가능하게 만들었다. 인터넷 미디어는 우수한 복제의 조건인 충실도, 다산성, 긴 수명을 훌륭하게 충족시키는 복제 도구이기 때문이다. 그리고 인터넷 미디어의 폭증은 밈의 수평적 전달을 확산시켜 수직적 전달을 능가하는 현상을 불러왔다고 블랙모어는 《밈》에서 설명한다. 그 결과 진화의 생물학적 이득을 약화해서 결혼 및 출산 거부, 입양 등 결혼제도의 대변혁을 가져왔다고 말한다. 블랙모어는 이 현상에 대해 "밈의 진화 속도는 인간의 유전적 진화보다 훨씬 빠르다. 유전자는 밈을 따라잡지 못한다"라고 전제하면서 "성은 이미 밈에 장악되었다"라고 단언한다.

오호통재라. 아들의 비혼 의사에 담긴 생물학적 의미를 이제야 알게 되었다. 하지만 아직 낙담하기는 이르다. 아들은 "결혼하지 않을 수도 있다"라고 했지 "결혼하지 않겠다"라고 하지 않았다. 나는 여전히 아비로서 아들의 밈보다 나의 지분도 2분의 1이 들어 있는 그의 유전자를 응원한다. 그래서 그가 문화적 복제자인 밈을 전파하거나 공유하는 일보다 생물학적 복제자인 유전자를 전파하거나 공유하는 일에 더 몰두하기를 희망한다.

그러기 위해 당장 내가 할 수 있는 일은 나와 아내가 부부로서 서로 사랑하며 행복하게 사는 모습을 보여주고, 이와 관련된 밈들을 퍼뜨려서 아들이 이를 모방할 수 있도록 선택압을 행사하는 일이다. 밈 이론으로 유추하건대, 그것이야말로 아들이 비혼 의사를 거둬들이도록 만들 수 있는 가장 지혜로운 방법이다. 제1의 복제자인 유전자의 전파를 유도하기 위해 제2의 복제자인 밈을 전파해야 한다니, 참으로 아이러니한 일이다. 하지만 블랙모어는 유전자와 밈의 경쟁에 주목하면서도, 유전자와 밈의 상호작용을 통한 '공진화Co-Evolution'도 강조했다. 그러니 나의 방법은 분명 《밈》의 논지와도 잘 부합하리라 확신했다.

비출산의 강은 또 어떻게 건널까?

이렇듯 나는 나름 비혼 문제에 대처하기 위한 준비를 마치고, 아들과 진솔하게 대화를 나눌 기회를 엿보았다. 주중에는 대개 늦게 들어왔고, 주말에는 흔히 늦잠을 자거나 외출하는 아들의 일정도 일정이지만, 그 문제를 새삼 꺼내기가 왠지 쑥스러운 탓에 시간만 흘려보내고 있었다. 그러던 어느 날, 아들이 식사 자리에서 놀랍게도 비혼 의사 파기 선언을 하는 것이 아닌가. "저 결혼하게 될 것 같아요." 그동안 나의 노력에 하늘이 감응한 것일까, 당연히 반가웠으나 한편으로는 허탈하기도 했다. "그래, 고맙다. 잘 생각했다." 나는 녀석의 등을 두드리며 그 빛나는 선택을 축하해 주었다.

하지만 또 하나의 과제가 남았다. 이제 비혼의 강은 건너게 되겠지만 비출산의 강은 또 어떻게 건널 것인가? 아들 부부가 결정할 문제라고 이를 외면하기에는, 나와 조상의 아름다운 흔적이 담긴 유전자와 인류의 오랜 지혜가 담긴 공화주의적 자유관이 너무도 소중하지 않은가?

3장

'우리'와 '나'는 만날 수 있을까?

사람의 기억록

'우리'와 '나'는 만날 수 있을까?

　철이 들고 성년이 될 때까지 나는 한 인물이 대통령인 나라에서 살았다. 내 성장기와 온전히 포개지는 그 시대는 두 개의 '우리'를 남겼다. 하나는 "우리도 한번 잘살아보세"라는 계몽가요 속 '우리'다. 산골학교의 낡은 확성기를 통해 울려 퍼지던 그 노래를 들으며 신이 나서 등교하던 추억이 아련하다. 다른 하나는 "우리는 민족중흥의 역사적 사명을 띠고 태어났다"라며 생뚱맞게 나의 탄생 목적을 규정한 〈국민교육헌장〉 속 '우리'다. 생경한 한자어로 가득해서 외계어나 마찬가지였던 그 글을 방과 후까지 남아 외우고 검사받던 기억이 아직 생생하다. 잘살아보자는 '우리'는 물질적 풍요를 유혹했고, 민족중흥의 역사적 사명을 띤 '우리'는 비뚤어진 정의를 강제했다. 그렇게 내 생애 최초 이십 년 가까운 세월은 고스란히 두 '우리'에 갇혀 있었다.

1962년 한운사 작사, 김희조 작곡으로 만들어진 〈잘살아보세〉는 1970년대 새마을운동 노래와 함께 정권을 상징하는 국책가요로 널리 보급되어 불렸다. 유신독재를 옹호하는 수단으로 이용되기도 했지만, 고도성장의 촉발 요인이 되었다는 점도 부인할 수 없을 듯하다. "잘살아보세 잘살아보세/우리도 한번 잘살아보세/금수나 강산 어여쁜 나라/한마음으로 가꾸어 가면/알뜰한 살림 재미도 절로 부귀영화는 우리 것이다." 주어가 다반사로 생략되는 게 한국어의 특징일진대 이 가사에는 '우리'라는 주체가 명백하게 드러나 있다는 데 주목할 필요가 있다. 잘살긴 잘살되 '우리'가 잘살자는 것이다.

'우리'는 누구인가? 공간상으로 보면 나를 포함한 가족·친지와 이웃, 나아가 동시대인 전체로 확장될 수 있다. 시간상으로는 나와 내 가족을 중심으로 위로는 조상, 아래로는 후손까지 연결될 수 있다. 우리의 외연은 이렇듯 넓디넓다. 아침부터 저녁까지 우리도 한번 잘살아보자는 구호를 들으며 살았던 당시 한국인들. 그들이 자신의 안락보다 전체를 위해 땀 흘릴 수 있었고, 후손들의 풍요를 위해 허리띠를 졸라맬 수 있었던 데에는 이처럼 '우리'에 담긴 공동체적 결속의식이 한몫했으리라 짐작된다. 유신 독재정권은 1968년 제정한 〈국민교육헌장〉의 '민족중흥의 역사적 사명을 띠고 태어난 우리'와 함께 '잘살아야 할 우리'를 국민의 의식을 통제하는 효과적인 이데올로기로 활용한 것이다.

나의 시대를 알리는 장엄한 선언, '나는 나'

대학을 졸업한 뒤 사회인이 되고 가정을 꾸린 지 얼마 되지 않은 어느 날이었다. 이전까지 내 삶의 상당 부분을 지배했던 '우리'를 전복하는 단어 하나를 만났다. 그것은 바로 '나'였다. "천만번을 변해도 나는 나, 이유 같은 건 생각하지 않는다." 1990년대 벽두 어느 패션광고에 등장한 이 말은 '나의 시대'가 왔음을 알리는 장엄한 선언으로 들렸다. '나'들은 너와 같을 수도 없거니와 우리라는 집단 속에 포함될 까닭도 없다고 말했다. '나' 이외의 다른 존재로 여겨질 조그만 틈도 보이지 않았다. '나'는 아무도 들어올 수 없는 높고 단단한 성역이었다.

'나는 나'는 패션은 물론 화장품 등 개인 기호품 광고를 중심으로 다양하게 변주되었다. "세상은 나를 중심으로 돈다" "내가 원하는 나" "내 아기는 달라요" "난 내가 만들어간다" "내 나이 20과 2분의 1" "내가 변하면 세상도 변한다" "내가 원하는 여자가 된다" 등등 이루 헤아릴 수 없이 많은 '나'들이 방송 프로그램의 틈새마다, 신문이나 잡지의 갈피마다 떠돌아 다녔다.

광고 문구만이 아니었다. 가요계를 뒤집어놓은 '서태지와 아이들'의 데뷔곡 제목은 〈난 알아요〉였다. "난 알아요/이 밤이 흐르고 흐르면/누군가가 나를 떠나버려야 한다는/그 사실을, 그 이유를/이제는 나도 알 수가/알 수가 있어요." 안다고 하는 내용이 뭐 그리 특별한 것 같지는 않지만, 대상이 무엇이든 중요한 건 '내'가 안다는 것이다. 소문이나 막연한 짐작이나 누구

1992년 데뷔하면서 가요계에 돌풍을 일으킨 '서태지와 아이들'.

의 전언에 의해서가 아니라 '나'라는 분명한 주체가 아무런 착오도 없이 확실히 안다고 당당히 외치고 있었다.

이 수많은 '나'는 자신을 차별화되는 주체로서 판단과 인식의 독립국으로 선언했다. 나아가 주변 인물과 상황을 이끌어 가는 종주국이며 그들을 변화시키는 진원지라고 주장했다. 이를테면 '나'의 능력과 역할로 제국주의적 식민지를 개척하고 있었다. 한편으로 '나'는 끝없는 변신 욕구를 지닌 주체이기도 하고 목표이기도 했다. 어떤 준거기준도 모두 '나'가 되는, 무한한 자기복제의 연속이었다.

1990년대를 유령처럼 배회한 '나'는 1970~1980년대의 이념 과잉과 집단주의 문화를 극복하고 서구적 자유주의로 나아가는 문명사적 의미도 지닌다. 하지만 이 단어가 '신세대'와 'X세대' 그리고 '미시족'과 같은 새로운 소비 집단의 등장과 맥을 같이한다는 사실을 놓쳐서는 안 된다. 다른 집단과 자신을 구별 짓고 싶은 강한 자의식이 있었던 그들에게는 이를 입증할 만한 구매력이 있었다. 그 단어가 주로 화장품이나 패션 등 개인 기호품 광고에서 사용된 것은 결코 우연이 아니다. 요컨대 '나'는 'X세대'와 함께 새로운 소비 집단을 끌어들이기 위해 마케팅의 먹잇감으로 포섭된 단어였다. 우리나라에서 'X세대'라는 단어가 화장품 광고에서 처음 사용되었다는 사실을 기억할 필요가 있다.

'신세대 문화'는 1990년대 후반 IMF 사태를 거치면서 위력을 잃어갔다. '문화의 떴다방'이었거나 일시적 환상이었는지도 모른다. 윤여일은《모든 현재의 시작, 1990년대》에서 "신세대의 문화는 탈권위주의 의식으로 모든 위계와 특권을 거부하는 듯하지만, 이런 카니발적 의식은 제도화된 소비문화의 문법을 벗어나지 못하며 신세대론 자체가 내부의 차이를 균질화하고 사회적 갈등들(계급, 경제, 지역, 민족 등)을 가리는 이데올로기적 효과를 유발한다"라고 지적한 다음, "(나를 강조하는) 소위 신세대식 광고 카피들은 젊은 세대의 소비를 부추겼다. '나' 타령의 광고는 이전까지의 사회적 억압에 대한 반대급부로서 개성, 감성, 자유 같은 젊음의 어휘를, 이윽고 일탈, 해방, 혁명 같은 정치적 어휘를 되는대로 긁어모아 상품을 치장하고, 그러면서 체제에 '탈정치화'라는 부수물을 진상했다"라고 평가했다.

'나'의 주체 의식과
'우리'의 연대 의식이 만날 때

마이클 샌델은《정의란 무엇인가》에서 자신의 정의론으로 '자유(주의)적 공동체주의'를 제시했다. '나'로 상징되는 자유주의와 '우리'로 상징되는 공동체주의의 장점만 결합한 개념이다. 간단하게 '나'와 '우리'를 조화시키자는 것으로 나는 이해한다. '자유(주의)적 공동체주의'에 관해서는 전작인《우리를 배반한 근대》에서 정리한 내용을 소개하고자 한다.

자유주의적 사고에 따르면, 의무는 오로지 두 가지, 인간이기에 생기는 자연적 의무와 합의에서 생기는 자발적 의무뿐이다. 그러면 우리는 어느 수준까지는 모든 사람의 존엄성을 존중해야 하지만, 그 이상으로는 우리가 약속한 것만 지키면 된다. 자유주의 사상가 존 롤스에 따르면, 일반 시민은 부당한 행위를 저지르지 않는다는 보편적이고 자연적인 의무 외에는 동료 시민에게 특별히 다른 의무를 지지 않는다.

    자유주의의 반대편에는 공동체주의가 있다. 《정의란 무엇인가》에 "공동체의 사람들을 위한 정의의 길"이라는 해제를 쓴 철학자 김선욱 교수의 설명에 따르면, 공동체주의는 공동체의 연대성, 민족성, 언어, 정체성, 문화, 종교, 역사, 생활방식 등이 최고의 가치를 가진다고 보는 관점을 말한다(그리고 공동체란 시민권, 계급, 인종적 혈통, 문화적 정체성 등을 중심으로 연대를 이룬 집단을 말한다). 한마디로 자신이 속한 공동체가 정한 가치를 절대시하는 사고방식이다. 샌델은 공동체주의가 공동체 구성원들이 덕성을 기르고 공동선을 추구하는 등의 장점도 있지만, 특정 공동체가 규정하는 것은 무엇이든 정의가 될 수 있다고 생각하는 탓에 보편적 인권을 부정하는 억압적 이념이 될 수 있다고 비판한다. 김선욱 교수도 공동체주의가 자칫 파시즘·인종주의·전체주의로 나아갈 수 있다는 점을 우려한다. 간단히 말해, 배타성이 문제라는 것이다.

'나'와 '우리'를 이어주는
'서사적 인간'과 '연대 의무'

샌델의 자유적 공동체주의는 "공동체의 도덕적 중요성을 인정하면서 동시에 인간의 자유를 인정하는" 방안을 모색한 끝에 찾아낸 대안으로 보인다. 그는 이를 설득하기 위해 두 개의 개념을 동원한다. 하나는 '서사적 인간'이고, 다른 하나는 '연대 의무'다.

'서사적 인간'이라는 개념을 제안한 사람은 알래스데어 매킨타이어라는 영국의 철학자다. 샌델이 소개하는 매킨타이어의 생각을 살펴보자.

> 우리는 누구나 특정한 사회의 정체성을 지닌 자로서 우리를 둘러싼 환경을 이해한다. 나는 누군가의 아들이거나 딸, 또는 사촌이거나 삼촌이다. 나는 이런저런 도시의 시민이며, 이런저런 조합 또는 전문가 집단의 일원이다. 나는 이런저런 친족, 부족, 나라에 속한다. 그러므로 내게 좋은 것은 소속 집단 사람에게도 좋아야 한다. 이처럼 나는 내 가족, 내 도시, 내 친족, 내 나라의 과거로부터 다양한 빚, 유산, 정당한 기대와 의무를 물려받는다. 이런 것들이 내 삶의 기정사실을 구성하며 내 도덕의 출발점이다. 또한 이는 부분적으로 내 삶에 도덕적 특수성을 부여하는 것이다.

> 인간은 이야기하는 존재이며, 삶은 어떤 통합이나 일관성

을 염원하는 서사적 탐색을 해나가는 과정이라는 것이다. 누구든 개인으로서만 결코 선을 추구하거나 미덕을 실천할 수 없다는 전제 아래, 도덕적 사유의 서사적 측면은 우리가 전체에 속하는 구성원이라는 사실과 밀접하게 연관되어 있다고 본다. 샌델은 이 견해를 전적으로 받아들인다.

그는 '연대 의무'라는 또 하나의 개념을 등장시킨다. '연대 의무'는 '서사적 인간'과 밀접한 관계가 있는 것으로, 내 삶의 이야기는 다른 사람들의 이야기와 밀접하게 결부된다는 인식에서 나온 개념이다. 그는 어느 나라든 애국심을 강조하고, 지나친 이민 유입을 제한하고, 외국에서 테러가 발생했을 때 자국인만 구출하는 것은 연대 의무를 인정하기 때문이라고 말한다. 이는 대한민국이 강점기에 행한 일본의 범죄행위에 대해 사과와 배상을 요구할 근거이기도 할 것이다.

샌델은 특히 연대 의무를 통해 기존의 공동체주의가 지닌 한계를 넘어설 수 있다고 강조한다. 연대의 의무는 내부만이 아니라 외부로도 향한다면서 "내 나라가 저지른 과거의 잘못을 배상하는 일은 내 나라에 충성을 맹세하는 하나의 방법이다"라고 밝힌다. 연대 의무를 지게 되면 우리가 속한 공동체에 대해 자부심과 함께 수치심도 느낄 수 있으며 책임감까지 동반한다고도 말한다. 기존의 공동체주의가 지닌 배타성과 편협성 그리고 집단 이기심은 자유적 공동체주의를 통해 극복할 수 있다고 그는 판단한다.

'나'의 이기심과 '우리'의 배타성이 만나면 세상은 지옥이 된다. 그런데 반대로 '나'의 주체 의식과 '우리'의 연대 의식이 만나면 긍정의 선한 영향력이 발휘된다. 그것이 샌델이 말하는 자유(주의)적 공동체주의의 바람직한 모습일 것이다.

땅 사면 배 아픈 이웃사촌, '기호네'의 추억

옆집에는 어김없이 '기호네'가 살았다. 농촌 마을에서 이웃 소도시로 이사한 후 두 번째 셋집에서 이웃해 살던 가족이 바로 '기호네'였다. 그런데 그다음 셋집에서도 바로 그 '기호네'와 이웃했다. 두 가족 모두 먼저 살던 집에서 나와야 할 일이 생겨 새집을 구하다가 우연히 같은 집으로 이사하게 된 거라고 나중에 어머니가 말씀해 주셨다. 기막힌 인연이었다. '기호네'와 이웃해 산 기간은 모두 합해 4년쯤 된다.

'기호네'에는 나보다 한 살 많은 친구 기호 그리고 나보다 한 살 적은 여동생과 서너 살쯤 적은 남동생도 있었다. 나는 수시로 그 집에 가서 그 세 남매와 어울렸다. 그들과 함께 동네 공터에 나가 다른 친구들과 함께 '말타기'며, (그때는 '다마치기'라고 불렸던) '구슬치기'며, '비석 치기' 따위를 하며 놀기도 했다. '기

말뚝박기라고도 불렸던 말타기 놀이.

호네'와 우리 집은 그야말로 숟가락이 몇 개인지, 오늘 아침 반찬이 무엇이었는지까지 속속들이 아는 사이였다. 어머니끼리는 어쩌다 밥이나 김치가 부족하면 서로 꾸어왔다가 다음 날 갚기도 했고, 같은 계원으로 돈거래도 수시로 했다. 동네 사람들 흉도 스스럼없이 나누는 사이였다.

하지만 내가 '곰마'라고 줄여 부르던 '기호 엄마'는 질투가 많은 분이었다. 내가 초등학교에 입학하자마자 한글을 뗐다는 사실을 알고는 2학년이 되도록 한글을 떼지 못한 기호에게 곧바로 매타작한 적도 있다. 기호가 나를 힘으로 제압하지 못한 사실이 분해서 다음 날 바로 기호를 태권도장에 등록시키기도 했다. 내가 몰라서 그렇지 나의 어머니도 기호에게 어떤 식으로든 그런 질투심을 보이지 않았을까? 그렇다면 기호와 나는 허물없는 친구라기보다 어른들의 은근한 경쟁심 속에서 암묵적인 경쟁자로 자란 셈이다.

〈괜찮아유〉에 담긴 협력과 경쟁의 이중성

한국인에게는 오랫동안 협력과 경쟁이라는 두 가지 상반된 태도가 공존했다. 이런 이중성을 1990년대 인기 개그 코너였던 〈괜찮아유〉와 사회학자 이철승 교수의 저서 《쌀, 재난, 국가》를 통해 살펴보자.

〈괜찮아유〉는 1991년 방영된 코미디 프로그램으로, 오랫동안 가족처럼 지내온 농촌 이웃들의 이야기를 다뤘다. 이들은 서로의 농사일을 돕고 음식을 나누는 협력자면서도, 속으로는 서로를 시기하고 비교하는 경쟁자였다. 양택이 아부지를 가난하고 게으르다고 무시하는 '경애 아부지'와 경제적 우위를 내세우는 경애 아부지를 속물이라 여기는 '양택이 아부지'의 갈등은 시청자에게 큰 공감을 얻었다.

특히 갈등의 최고조는 '양택이 아부지'가 '경애 아부지' 아버지의 친일 행적을 폭로하는 장면에서 나타난다. 여기에는 이웃이 잘되면 배 아파하는 단순한 질투를 넘어, 불평등한 역사에 대한 비판까지 담겨 있었다. 30년이 지난 지금도 〈괜찮아유〉가 꾸준히 사랑받는 것은 이웃이나 친구, 직장 동료 등 가까운 사람들과의 관계 속에서 협력과 경쟁을 동시에 경험하는 한국인의 보편적 심리를 건드렸기 때문이다. '엄친아' 같은 신조어가 등장한 것도 이런 비교와 질시의 문화에서 비롯되었다.

그렇다면 한국인의 이와 같은 이중성은 언제부터 시작되었을까? 사회학자 이철승 교수는 《쌀, 재난, 국가》에서 그 기원을 벼농사 문화에서 찾는다. 밀이 개인적인 경작과 상업 발달을 이끈 것과 달리, 쌀은 논을 함께 경작하고 수확물을 개별적으로 소유하는 '공동노동 – 개별소유' 시스템을 만들었다. 이 과정에서 사람들은 서로 협력하면서도 자신의 이익을 위해 경쟁하고 비교하게 되었고, 이것이 곧 질시의 문화로 이어졌다는 것이다.

또 벼농사의 특성상 집단 협업이 필요했기 때문에 연장자를 중심으로 한 위계질서가 자연스럽게 형성되었다. 이 교수는 이런 벼농사 문화의 전통이 현대 산업사회로 이어져 '공동생산-개별 소유'와 '협업-위계-경쟁'이라는 독특한 사회 구조를 만들었다고 분석한다. 이 교수는 벼농사 문화가 낳은 '질시'가 서구 사회보다 상대적으로 높은 불신으로 이어졌다면서 "불신이 내재된 협업은 간섭과 상호 감시, 의심이 일상화되는 피곤한 것일 가능성이 있다"라고 덧붙인다.

하지만 동시에 이런 문화는 한국의 급속한 경제 발전을 가능하게 한 원동력이기도 했다. 촘촘한 협업과 조율의 기술, 그리고 집단주의적 위계구조가 효율적인 산업화를 이끌어 냈기 때문이다.

결국 한국인에게는 오랜 세월에 걸쳐 형성된 '공동체적 유대감'과 '비교와 질시의 문화'라는 이중적 심리가 공존하고 있다. 급속한 경제 성장을 가능하게 했던 이 문화가 오늘날 우리 사회의 불평등 문제에 사람들이 민감하게 반응하도록 만드는 원인이 되었다고 이 교수는 지적한다.

기호와의 마지막 만남

정든 이웃으로 가깝게 지냈으면서도 왜 그렇게 과도한 질투심을 보였는지 이제는 기호 엄마의 마음을 넉넉히 이해할 수 있을 듯하다. 나아가 과거에는 사촌이 땅을 사면 배가 아팠던 것처럼, 지금은 옆집 아이가 상을 타면, 친한 동창의 배우자가 승진하면, 가까이 지내던 회사 동료가 고급차를 사면, 오랜 친구의 딸이 명문대에 가면 슬슬 배가 아파온다고 한다. 이제는 그 이유를 충분히 알 수 있을 것 같다.

 '기호네'와 우리 가족은 내가 초등학교 고학년이던 어느 해에 각자 다른 집으로 이사하면서 이웃 사이를 청산했다. 내가 서울로 거처를 옮긴 뒤에도 기호 아버지의 부음이나 여동생의 혼인 소식을 어머니로부터 간간이 전해 들었지만, 그마저도 어느 순간부터 끊어졌다. 대학을 졸업할 무렵 그 소도시에서 우연히 만나 함께 커피를 마신 게 기호와의 마지막 만남이었다. 그때 우리가 커피와 함께 나눈 것은 필시 앞으로 우리에게 닥쳐올 세상에 대한 기대와 두려움이었을 것이다. 그 이후 연락이 끊긴 건 각자 더는 협력할 이유도, 경쟁할 이유도 없었던 탓이 아니었을까. 그동안 그도 나처럼 어디에선가 어릴 적 습득한 협력의 기술로 사회생활을 요령껏 헤쳐 나가는 한편, 그 과정에서 생긴 경쟁심으로 치열하게 살았을 것이다.

'김민기'라는 매개항

2024년 7월 21일 서거한
위대한 아티스트
김민기 님을 추모하며

열 살 무렵 내가 좋아하는 가수는 김정구와 이미자였다. 김정구를 좋아하는 아버지와 이미자를 좋아하는 어머니의 취향이 고스란히 내 취향이 되었던 탓이다. 부모와 자식이 똑같은 대중가수를 좋아했다는 게 잘 믿기지 않겠지만 사실이다. 이 사정을 이해하려면 먼저 당시 내가 살던 소도시의 지정학적 위치와 통신상의 문제를 알아야 한다.

1970년대 중반까지 태백산맥이라는 높은 장벽에 가로막힌 난시청 지역의 소도시에서 접할 수 있던 매체는 KBS TV와 라디오 그리고 MBC 라디오가 전부였다. 그마저 KBS TV는 극소수 부잣집에서나 볼 수 있었고, MBC 라디오는 수신 상태가 그리 좋지 않았다. 여기에 다이얼 선점권이 있던 어른들의 보수적 성향까지 겹쳐서 대다수는 KBS 라디오를 애청했다. MBC TV

는 1970년대 후반에 들어서야 돈을 내는 극히 일부 가정에서만 유선으로 볼 수 있었다.

그 의미는 이렇다. 서울시민들이 MBC(문화방송)와 TBC(동양방송)와 DBS(동아방송)에서, 라디오와 TV 그리고 AM과 FM 등 다양한 채널을 통해 다채롭고 흥미로운 프로그램을 접하며 문화적 허기를 한껏 채우던 그때, 그 소도시 시민들은 군사정권의 정책을 홍보하고 전통가요와 건전가요를 주로 내보내던 KBS 라디오를 통해 '민족중흥의 역사적 사명을 띤' 국민으로 충실히 '계몽'되고 있었다는 뜻이다. 가끔 잘사는 친구 집에 가서 KBS TV로 만화영화나 레슬링 시합을 보기도 했지만, 내가 부담 없이 접할 수 있는 매체는 어른들과 함께 듣던 KBS 라디오가 거의 유일했다. 날마다 어른들과 거의 똑같은 매체로 거의 똑같은 콘텐츠를 접했으니 어른들과 거의 똑같은 가수를 좋아할 수밖에 없었다. 김정구와 이미자를 좋아하는 환경은 그렇게 조성되었다. 그렇다고 해서 당시 한창 떠오르던 남진과 나훈아를 몰랐던 건 아니다.

혁명을 말하지 않으면서 혁명을 꿈꾸게 하는 힘

그런데 김정구와 이미자의 우거진 숲을 헤치고 내 마음속에 들어온 이름이 있었으니, 그가 바로 '김민기'였다. 아직 사춘기에 접어들기 전 어느 날, KBS 라디오에서 나오는 노래에 귀를 쫑긋 세웠다. 양희은이 낭랑한 목소리로 부르던 〈아침이슬〉

이었다(1971년 9월에는 양희은이, 10월에는 김민기가 각각 음반에 실어 발표했다). 막연하게나마 가사나 창법에서 이미자나 김정구와는 전혀 다른 감성을 느꼈다. 작은 크기의 노래책을 구해서 가사 하나하나를 음미해 가며 혼자 틈나는 대로 불렀다. 근엄하면서도 비장한 음조와 가사가 주는 묘한 매력에 점점 빠져들었다. 건전가요로 지정된 이 노래가 알 수 없는 이유로 금지곡이 되었을 때는 오래 아끼던 물건을 잃어버린 듯한 상실감을 느꼈다(1973년 건전가요로 지정되었다가 1975년 금지곡이 되었다). 노래책을 통해 그 노래의 작사자와 작곡가 이름이 김민기라는 사실도 알았다. 그것이 나와 김민기의 첫 번째 만남이다.

무너지지 않을 것 같던 독재자가 살해당했으나 다시 그 후계자가 총칼로 정권을 잡은 그해 겨울이었다. 나는 대학 신입생으로서 지상과 지하를 오르내리다가 나중에는 결국 지하로 내려간 (당시에는 '써클'이라고 불렸던) 동아리의 MT에 참가했다. 춘천 근방 어느 마을의 농가를 빌려 일주일간 합숙하며 진행되는 이른바 '의식화 교육'의 일환이었다. 우리는 수돗물이 미지근하게 느껴질 만큼 매서운 추위 속에서 아랫목에 모여 몸을 덥히며, 역사니 민중이니 혁명이니 하며 설익은 거대 담론을 주고받았다. 선배들이 작성해 나눠준 자료에는 함께 읽을 문건들과 틈틈이 부를 노래들의 가사가 적혀 있었다. 그때 그 노래들의 작사자와 작곡자는 거의 모두 김민기였다. 〈임을 위한 행진곡〉〈광주 출정가〉〈농민가〉 등 행진곡풍의 투쟁가가 나오기 전까지는 김민기의 통기타풍 노래들이 운동가요의 핵심을 차지했다. 〈친구〉〈상록수〉〈강변에서〉〈꽃피우는 아이〉〈두리번거린다〉 등 김민기의 서정적이고 은유적인 노래들과 투쟁적인 운동 사이에 묘한 불균형이 존재하고 있음을 느꼈다.

> 그는 한사코 사회성이 있는 음악, 저항적인 음악, 운동적인 음악은 만든 적이 없다고 부인한다. 적어도 자신의 사고체계 내에서는 그의 말이 사실일 것이다. 유신 치하의 70년대에 들어 자신들의 문화적 지분을 획득하면서 유신체제 반대운동과 더불어 사회적·정치적 각성을 해나갔던 70년대의 대학생들은 비록 은유적이고 암시적이었지만 김민기의 통기타 음악을 자신들의 세계관을 담은 음악으로 채택한다.

대중음악 평론가 김형찬의 말이다. 또 음악평론가 최경식은 "김민기의 노래는 가두시위 때 불리면 운동가가 되고, 운동경기장에서 불리면 응원가가 되고, 장례식 때 불리면 장송곡이 될 뿐 아니라, 예배당에서 불리면 찬송가가 돼버리는 것을 오래 전에 여러 번 그 현장에서 나는 목격하고 체험했다"라고 증언하기도 했다. 대중음악 평론가 강헌은 "결코 혁명을 서술하지 않았지만 모든 혁명적 상상력의 원천이 되었고, 한 번도 영어의 몸이 되지 않았지만 가장 오랫동안 저항의 깃발이 되었다"라며 김민기와 그의 노래들을 상찬했다. 혁명을 말하지 않으면서 혁

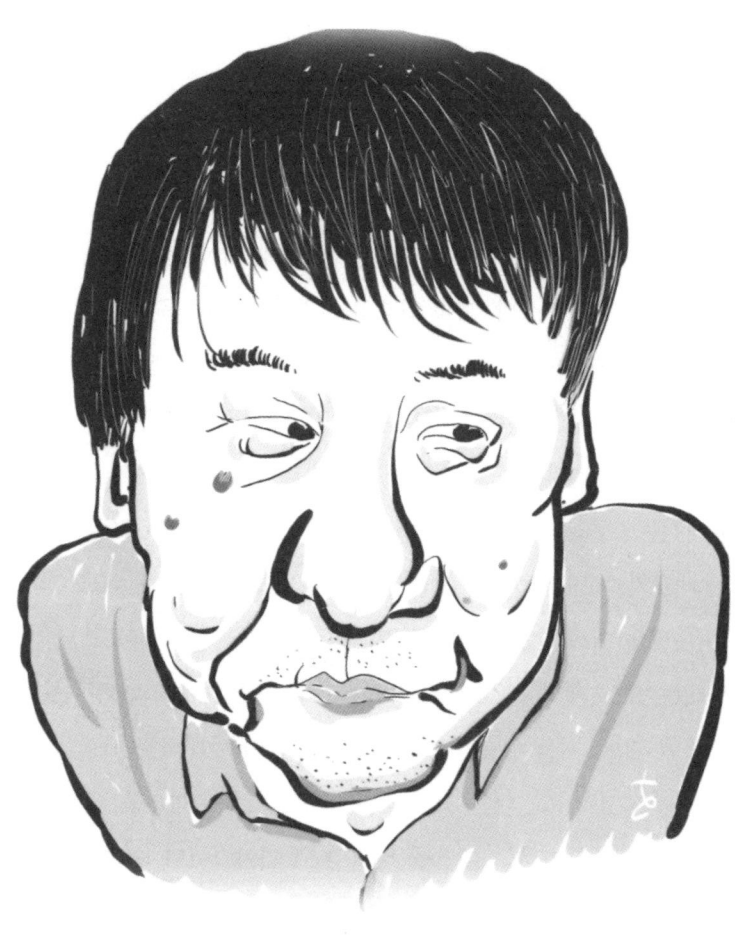

가수, 작곡가, 뮤지컬 연출 및 제작자로 활동한 김민기(1951~2024).

명을 꿈꾸게 하고, 저항을 요구하지 않으면서 저항을 실천하게 하는 힘. 이것이 김민기 노래가 주는 기묘한 매력의 핵심이 아닐까?

극단에 대한 거부와 매개항의 역할

나는 노래에 담긴 그의 생각을 '극단에 대한 거부와 내적 성찰'로 요약하고 싶다. 이를 입증하는 몇 가지 사례를 보자.

〈길〉에서 그는 "여러 갈래 길 누가 말하나/이 길뿐이라고/여러 갈래 길 누가 말하나/저 길뿐이라고"라고 노래했다. 다양한 가능성을 부정하는 독선을 경계하는 내용이다. 또 어느 인터뷰에서는 〈두리번거린다〉의 창작 배경에 대해 "70년대 교련 반대 데모가 처음 시작되는 언저리였는데 나는 교련 반대 데모하는 애들에 대해서 크게 동조를 안 했어. 뭔가 미심쩍었다고, 나한테는. 모든 게 혼돈스러웠던 거야. 그 혼돈 때문에 그런 걸 만들었던 거야. 저들이 옳을 수도 있고, 저들이 반대하는 사람들이 옳을 수도 있고. 나는 모르겠다 이거지. 그러니까 나는 물으면 맨날 회색분자라는 대답을 하지"라고 이야기했다. 여기서도 성급한 주장과 판단에 대한 비판과 성찰을 읽을 수 있다.

이 두 사례보다 그의 생각이 더 잘 드러난 노래가 상대적으로 덜 알려진 〈그 사이〉다. 이 노래의 가사는 "(1절)해 저무는 들녘 밤과 낮 그 사이로/하늘은 하늘 따라 펼쳐 널리고/이만치 떨어져 바라볼 그 사이로/바람은 갈댓잎을 살 불어 가는데/ (후

렴)이리로 또 저리로, 비껴가는 그 사이에/열릴 듯 스쳐가는 그 사이 따라/(2절)해 저무는 들녘 하늘가 외딴곳에/호롱불 밝히어 둔 오두막 있어/노을 저 건너의 별들의 노랫소리/밤새도록 들리는 그곳에 가려네"다. 여기에는 '밤:낮' '이리로:저리로' '열리다:닫히다' '빛:어둠' 등 여러 대립항이 존재하는데, 궁극적으로 이 모두를 아우르는 '그 사이'로 가겠다는 화자의 의지가 드러나 있다.

'극단에 대한 거부와 내적 성찰'은 유교의 중용中庸 사상과도 통한다. 유교에서 중용이란 인간관계에 있어서 내가 남에게 베푸는 말과 행동 또는 감정 표현에 부족함이나 지나침이 없도록 살펴서 상황에 맞게 행동하는 것을 말한다.

그런데 이를 더 적절하게 설명할 수 있는 개념은 구조주의 기호학의 '매개항Mediator'이다. 존 피스크의 《커뮤니케이션학이란 무엇인가》에 따르면, 매개항이란 "이항 대립의 경계 영역이 너무 강하고 위협적일 때 이항 대립된 범주 사이를 매개하기 위해 문화 자체에 의해 구성된 범주"다. 여기서 매개한다는 건 갈등과 대립을 중재하거나 해소한다는 뜻으로 이해하면 된다.

예컨대 천사는 신과 인간의 매개항이고 늪이나 뻘은 땅과 물의 매개항이다. 매개항은 이항으로 대립하는 두 범주에 모두 해당하므로 한 문화의 기본적인 이해구조를 뒤흔들 수 있기 때문에 '신성시'되거나 '금기시'된다고 한다. 늪(혹은 뻘)의 경우, 땅과 물에 모두 해당하면서 그 둘의 대립을 중재하고 갈등을 해소한다. 이로써 환경적으로는 신성시되어 보존의 대상이지만 개발 논리로는 금기시되어 매립의 대상이 된다.

'그 사이'는 바로 매개항이었다. 김민기는 '그 사이'라는 매개항을 통해 갈등을 중재하고 대립을 해소하기 바랐을 것이다. 그래서 그는 이 목표를 방해하는 사람들로부터 금기시되어 오랫동안 고문과 감시와 검열의 대상이 되어야 했다. 하지만 이 목표에 동의하고 지지를 보내는 사람들로부터는 신성시되어 가요에서 공연예술에 이르기까지 경계를 뛰어넘는 지존의 아티스트로 추앙받고 있다. 결국 김민기 자체가 매개항이었다.

°김민기에 관한 글과 노래 가사는 김창남이 엮은 《김민기》(한울, 2004)에서 인용했음.

식모 그리고 두 개의
일그러진 욕망

초등학생 시절 나는 두 명의 잘사는 친구 집에서 번갈아 가며 놀았다. 두 친구의 집은 하나같이 마당이 넓고 방이 여러 개고 놀이 도구가 많았으며, 무엇보다 부지런한 '누나'가 있었다. 그 이름은 각각 '정애 누나'와 '명자 누나'였다. 친누나나 친척 누나가 아니라 실은 식모였던 두 '누나'가 부여받은 임무는 상당히 달랐다.

'정애 누나'는 나들이가 잦았던 친구 어머니로부터 일부 위임받았을 감독권을 과도하게 수행하려 했다. 내가 친구와 함께 노닥거리던 자리에 수시로 나타나서는 목소리가 너무 크다는 둥 TV는 그만 보고 숙제부터 하라는 둥 어머니나 할 수 있는 발언을 서슴지 않았다. 나이 차이도 서너 살밖에 나지 않는 데다 그런 과도한 간섭까지 더해져서, 친구와 '정애 누나'의 사이는 늘 좋지 않았다. 내가 없을 때 대판 싸웠다는 얘기도 들었다. 그래서인지 '정애 누나'는 그 친구 집에서 오래 있지 않았던 것으로 기억한다.

반면 '명자 누나'는 우리가 노는 영역 안으로 절대 들어오지 않았다. 내가 가면 늘 웃으며 과일이나 과자를 내왔고, 가끔 친구가 요청하는 과업도 군말 없이 수행했다. 우리가 뭘 하고 놀든 간섭하지 않았다. 심지어 마당에서 공을 주고받다가 유리창을 깼을 때도 깨진 유리를 묵묵히 쓸어 담기만 했다(우리는 그 때문에 친구 어머니로부터 공놀이 금지령이라는 중징계를 받았다). 나중에 시집을 가서 잘 산다는 얘기도 전해 들었다.

공지영은 자전적 장편소설 《봉순이 언니》에서 "아직도 봉순이 언니(곧 식모)는 내가 서러울 때, 내가 따돌림당할 때, 내가 혼자 외로울 때 나를 안아주는 유일한 사람이었다. 엄마였고 언니였고 그러면서 친구인 그녀는, 내 첫 사람이었다"라고 했지만, 당시 내 눈에 비친 '누나', 곧 식모는 친누나와 하녀 사이 어디쯤인가에 있는 존재였다. 다만 '정애 누나'는 감히 친누나 자리를 넘보았고 '명자 누나'는 기꺼이 하녀 자리에 머물렀다는 점이 달랐다.

식모 전성시대

한국전쟁은 개인과 가정은 물론 사회 전체에 큰 상처를 남겼다.

무엇보다 인명 피해가 컸다. (중략) 50만여 명의 미망인과 부상당한 남편의 부인들, 그리고 장성한 딸들은 가장이 되었다. 아니, 자신들 입에 풀칠하는 것부터 급선무였다. 1952년 14세 이상 여성 인구의 97퍼센트가 경제활동에 참여한 것으로 나타났다. 한반도 역사가 시작된 이래 초유의 상황이었다.

―《삼순이》중 '1부 식모'에서 인용

남의 집에 들어가 살면서 그 집 살림을 돕는 여성은 조선시대에는 노비나 종으로 불렸다. 1894년 갑오경장으로 신분제가 폐지된 뒤에도 '안잠자기'나 '행랑어멈' 등의 이름으로 그 명맥이 이어졌다. 하지만 식모나 하녀라는 이름으로 우리 사회에 정착한 것은 한국전쟁 직후부터였다. 《삼순이》를 참조해 그 사정을 살펴보자.

1953년 4월부터 12월까지 9개월 동안 서울의 한 직업소개소는 3448명의 구직자 중 1560명에게 직업을 알선했는데 남성 1104명은 막노동꾼이 되었고, 여성은 점원 등 44명을 제외한 412명이 식모 또는 하녀가 되었다. 〈서울신문〉에서 발행한 《서울 연감, 1960》은 1960년에 서울에만 식모가 9만 명쯤 되는 것으로 추정했다. 그만큼 당시 식모는 인기 있는 좋은 일자리였다. 이런 분위기는 1970년대 초까지 이어졌다. 1950년대 중반부터 1970년대 초까지는 말하자면 '식모 전성시대'였다.

전쟁은 서민까지 식모를 둘 수 있게 만들었다. 1957년 한

1950년대 한국전쟁의 여파로 생겨난 전쟁고아의 모습.

잡지에는 "경제적으로 여유가 있는 가정에서는 물론 단칸짜리 셋방살이, 판잣집 살림에도 환경과 가정형편은 염두에도 없다는 듯이 서로 다투어 너도나도 식모를 두고 있다"라는 내용이 실려 있다('식모에 대한 대우를 개선하자', 〈여원〉 1957년 11월호). 1966년 〈조선일보〉는 서울의 100가구당 22가구가 식모 또는 고용인을 쓰고 있으며, 약 7만 명의 식모가 있다는 조사 결과를 발표했다. 1970년대 초에는 식모가 약 24만 6000명으로 증가해 서울 전체 가구의 31.4퍼센트가 식모를 두고 있다고 했다.

"전 가구의 30퍼센트 이상이 식모를 두는 현상은 선진국에서도 상상할 수 없는 일이다. 웬만한 중산층도 인건비 때문에 엄두를 못 내는데 당시 세계 최빈국 중의 하나인 한국에서 어떻게 그런 일이 가능했을까?" 《삼순이》의 저자는 이렇게 물으며, 이는 식모들의 인건비가 매우 낮았기 때문이라고 단언한다. 식구 중 한 입이라도 덜고, 한 푼이라도 벌어야 하는 구직자들이 너무나 많았기에 먹여주고 재워주기만 하면 된다며 구걸하듯 사정하니 인건비가 하락할 수밖에 없었다는 것이다. 그래서 서민들도 식모를 둘 수 있었다.

1960년대 후반이 되면서 식모 전성시대는 저물기 시작했다. 노동시간은 줄고 월급은 더 많아진 공장으로 농촌의 소녀들이 몰려갔기 때문이다. 식모 시장은 급속히 수요자 우위 시장에서 공급자 우위 시장으로 재편되었다. 식모 기근 시대가 찾아왔고 식모를 상전으로 모시는 현상까지 나타났으며, 식모가 주부의 타락을 부추긴다는 비난과 함께 식모 폐지론까지 등장했다. 시간제 식모가 출현하고 호칭도 식모 대신 가정부로 바뀌는 등 사회 제도와 분위기도 많이 개선되었다.

전통적인 식모들은 이런 사회적 변화 속에 1970년대 들어 급속히 사라지기 시작했다. 1975년 여성의 해를 기점으로 우리나라의 여성 인권이 크게 향상되어 어린 식모들에게 가해지던 소소한 인권 유린을 죄악시하는 풍토도 식모 시대의 종언을 앞당겼다. 핵가족화, 주택 구조의 개선, 가전기기의 발달 등으로 주부들의 집안일이 줄어든 것 또한 중요한 이유였다.

신분 상승 욕망과
신분 재현 욕망이 만나 탄생한 식모

농촌의 소녀들은 왜 도시로 건너가 기꺼이 식모가 되려 했을까? 그 이유는 단순했다. 농사일로는 도무지 돈을 만질 수 없었지만, 도시는 달랐기 때문이다. 일한 만큼 돈을 벌 수 있었고, 그렇게 번 돈을 직접 손에 쥘 수 있다는 사실은 그들에게 생애 처음 겪는 짜릿한 기쁨이었다. 모험심이 많고 혈기 왕성한 젊은 이들은 기회가 넘치는 서울로 향하며 '간 데마다 거미줄 치겠느냐' '몸 하나 붙일 데 없겠느냐'는 막연한 기대를 품었다. 이처럼 가난한 농경인에서 근대 도시인으로 신분을 상승시키고자 하는 욕망, 그것이 농촌 소녀들을 식모라는 선택으로 이끌었다.

이런 신분 상승 욕망을 가장 극적으로 그려낸 작품이 영화

〈초우〉(1966년)다. 〈맨발의 청춘〉과 함께 1960년대 청춘 영화를 대표하는 이 작품의 줄거리는 다음과 같다. 주프랑스 대사의 집에서 식모로 일하는 영희(문희 분)는 우연히 자동차 정비공 철수(신성일 분)를 만나게 된다. 출세에 대한 욕망이 컸던 철수는 자신을 기업가의 아들로 가장하고 고급 승용차 주인 행세를 한다. 영희 역시 자신을 주프랑스 대사의 딸이라 속인다. 프랑스제 고급 레인코트를 입고 신분을 감출 수 있는 비 오는 날만 만나자는 약속 속에, 두 사람의 사랑은 점점 깊어진다. 그러나 시간이 지나며 서로의 거짓이 드러나고, 영화는 결국 파국으로 끝난다.

물론 이처럼 서로의 신분을 감추고 속이는 설정은 비현실적으로 보일 수 있다. 하지만 그 허구적 설정을 통해 우리는 당대 사회적 약자들의 강렬한 신분 상승 욕망을 엿볼 수 있다. 그런 점에서 〈초우〉는 단지 멜로드라마가 아니라, 한 시대의 욕망 지형을 드러내는 유효한 텍스트라 할 수 있다.

한편, 식모를 들인 도시 주부들의 욕망도 들여다볼 필요가 있다. 그것은 단순한 노동력 확보 이상의 의미를 지닌 것이었다. 과거 신분 사회에 대한 향수, 다시 말해 종을 부리며 '양반'처럼 살고 싶다는 욕망이 그 이면에 있었다. 다음의 신문 수기는 그 정서를 생생하게 드러낸다.

참으로 오랜만에 옛 친구 숙이가 왔다. (중략) 난 따끈한 차라도 마시며 서로 헤어졌던 동안의 얘기를 나누어 보려고 찻상을 숙이 앞에 놓았을 때 "이거 국산 홍차로구나. 국산은 맛이 없어." 찻잔을 거들떠보지 않는 숙이.

"난 네가 왜 동창들의 모임에 늘 빠지나 했더니 식모가 없어 그랬구나."

싸늘하게 식어가는 찻잔을 앞에 놓고 어떤 조소가 담긴 듯한 단어들이 거침없이 그녀의 입에서 흘러나오고 있었다.

-〈경향신문〉1972년 12월 8일자

이처럼 식모를 둔다는 것은 단순히 가사노동을 분담하는 차원이 아니라, 누군가를 '거느림'으로써 자신의 사회적 위상을 확인하고자 하는, 일종의 신분 재현 행위였다.

가난한 농경인에서 벗어나 근대적 시민으로 신분을 상승하려는 소녀들의 욕망, 그리고 다시 신분 사회의 위계를 재현해 귀족(양반)의 지위를 누리려는 도시 중산층 여성들의 욕망. 전자는 자본주의적 욕망이었으나 현실과 괴리된 이상이었고, 후자는 봉건적 잔재에 머무른 시대착오적 환상이었다. 식모라는 직업 혹은 제도는 이 두 왜곡된 욕망이 절묘하게 만나 탄생한 약 30년간의 기형적 현상이었다. 여기에는 산업화(자본주의화)가 압축적으로 진행된 대한민국의 특성이 고스란히 담겨 있다. 결국 식모라는 직업 혹은 제도는 그 삐뚤어진 두 개의 욕망이 각각 다른 배출구를 찾게 되면서 점차 사라질 수밖에 없었다.

'갑질'과 '을질'로 이어진 두 개의 욕망

그러나 그것이 끝은 아니었다. 식모라는 제도는 사라졌지만, 그 안에 내포되었던 두 가지 욕망은 다른 모습으로 우리 사회에 남아 있다. 누군가를 부리며 위에 서고자 하는 욕망은 '갑질'로, 어떻게든 위로 올라서고자 하는 절박한 욕망은 '을질'로 형태를 바꾸어 여전히 사회 곳곳에 자리하고 있다. 식모를 두고 우아하게 살고 싶었던 욕망은 권위주의적 갑질로, 식모가 되어서라도 출세하고 싶었던 욕망은 굴종적인 을질로 이어졌다고 나는 생각한다(이 글에서는 '갑질'을 가능하게 하는 을의 비굴한 저자세를 '을질'이라고 규정한다).

'갑질'과 '을질'을 동시에 말해주는 사건이 'K항공사 집안 딸의 물컵 투척 사건'이다. 2018년 어느 날, K항공사 집안의 둘째 딸이 거래처 직원의 얼굴을 향해 물이 든 컵을 집어던졌다. 전형적인 '갑질'이다. 이 사건은 어찌어찌해서 세상에 알려졌고 송사로 이어졌다. 그녀는 경찰에서 자신이 해당 업무에 대한 결정권이 있는 총괄책임자이므로 업무방해가 아니라고 말했다고 한다. 자신이 결정권을 가지고 있으니 계약을 맺고 일하는 전문가 집단에 인격적 모독을 해도 된다는 주장이다. 이는 경제외적 강제를 용인했던 유럽의 봉건영주나 귀족의 태도다.

광고주와 광고대행사의 관계는 갑-을이나 상-하 관계가 아니라 의뢰인-전문가의 계약 속에서 서로의 전문성을 존중해야 하는 관계다. 그것이 18세기 말 이후 인류가 피를 흘리며 만들어 낸 근대의 가치다. 전근대에서 근대로의 이행을 함축하는 구호가 바로 '신분에서 계약으로'가 아니었던가. 협력업체의 전문성이 부족했다면 계약을 파기하고 새로운 협력업체와 새로 계약하면 될 일이었다.

그런데 더 깊이 따져봐야 할 부분은 '을질'이다. 그동안 그 광고대행사는 경제외적 강제를 고스란히 받아주고 고분고분 고개를 숙이며 머슴 노릇을 해왔다고 한다. 20여 년을 그렇게 머리 조아리고 인격 모독을 당연시하며 계약을 유지해 왔다니, 놀랄 일이다.

'을질'이 없으면 '갑질'도 없다. 안동 김씨와 여흥 민씨의 세도에 빌붙어 매관매직에 응했던 탐관오리들의 '을질'이 없었다면, 조선 후기의 피폐한 역사는 달라졌을 것이다. 일제의 정책에 고분고분 따르며 호가호위했던 친일파들의 '을질'이 없었다면, 35년의 서글픈 역사는 크게 단축되었을 것이다. 군사정권이나 검찰 독재정권에 엎드려 권력자의 사리사욕에 동조한 부역자들의 '을질'이 없었다면, 우리는 진작 건강하고 투명한 사회를 만들어 살고 있을 것이다.

네 겹의 시간,
〈TV는 사랑을 싣고〉

    방영 시간을 정확히 알고 기다렸다가 꼭 챙겨보는 TV 프로그램이 있는 사람은 행복하다. 그 행복은 비록 작지만 확실하게 찾아온다. 내게 오랫동안 바로 이 '소확행'을 누리게 한 프로그램이 있었으니, 바로 〈TV는 사랑을 싣고〉다. TV에서 사라진 지 3년이 넘었지만, 요즘도 가끔 유튜브로 재생해 다시 볼 만큼 나의 애호품이다. 다시 봐도 언제나 처음 보는 것처럼 새롭다.

    내가 처음부터 끝까지 본방을 사수한 드라마는 1995년 방송된 〈모래시계〉가 마지막이다. 방송되는 동안에도 엄청난 화제를 불러일으켰고 방송 이후에도 여운이 길게 남아서 그렇지, 알고 보면 이 드라마의 실제 방영 기간은 두 달도 채 안 된다. 본방이 한참 지난 다음에 OTT로 몰아서 본 드라마로 〈미생〉과 〈나의 아저씨〉 그리고 최근의 〈폭싹 속았수다〉가 있으나, 그래봐야 고작 며칠 동안이었다. 시사·교양 프로그램이나 다큐멘터리에도 관심이 있지만, 대개는 화제가 된 다음에 '다시 보기'로 살펴보는 정도다.

그런데 〈TV는 사랑을 싣고〉의 경우 10년 이상 거의 빠짐없이 본방을 사수했고 드물게 본방을 놓쳐도 어떻게든 재방이나 '다시 보기'로 챙겨봤다. 나의 TV 시청 역사에서 이만큼 오랫동안 거의 매번 기대와 설렘 그리고 감동까지 선사한 프로그램은 〈TV는 사랑을 싣고〉가 유일하다.

조력자의 위로와 격려로 정상에 오른 사람들

〈TV는 사랑을 싣고〉는 원래 KBS에서 1994년 5월 3일부터 2010년 5월 8일까지 약 16년 동안 총 805회 방송된 시사·교양 겸 예능 프로그램이다. 이때를 '시즌1'이라고 한다면, 이후에도 '시즌2'(2018년 9월~2020년 6월)와 '시즌3'(2020년 9월~2021년 6월)가 새로운 포맷으로 이어졌다. 하지만 이 프로그램의 원형은 뭐니 뭐니 해도 '시즌1'에서 찾을 수 있다. '시즌1'의 남성 진행자는 한진희 – 이상벽 – 이계진 – 손범수로 이어졌다. 특유의 너스레가 지나쳐서 불편할 때도 있었지만, 그래도 이상벽이 가장 오랫동안 인상적인 활약을 했다. 결과적으로 〈TV는 사랑을 싣고〉의 전형적인 포맷과 성격은 이상벽이 몇 번 바뀐 여성 진행자와 함께한 '시즌1'의 10년 남짓한 기간에 형성되었다고 봐야 한다.

〈TV는 사랑을 싣고〉에는 네 겹의 시간이 존재한다. 우선 영상 내부에 '과거/현재/미래'라는 세 겹의 시간이 있다. 먼저 현재의 시간. 출연자(의뢰인)가 누구를 왜 찾는지 등 '찾을 사람'에 관한 정보와 출연자의 심정을 밝히는 것으로 이 프로그램은 시작된다. 그다음은 과거의 시간. 출연자와 '찾을 사람'이 함께했던 과거의 아름다운 기억이 대역 배우들에 의해 재연된다. 다시 현재의 시간. 남녀 '추적자' 두 사람이 번갈아 가며 '찾을 사람'을 찾는데, 대개는 초·중·고등학교의 생활기록부에 적힌 주소지를 단서로 우여곡절 끝에 추적에 성공한다.

그다음에는 과거와 현재가 합쳐지는 시간. '찾을 사람'이 스튜디오에 나와 출연자와 감동의 상봉을 한다. '찾을 사람'을 처음 확인하는 순간의 출연자 표정은 그때 흐르는 배경음악(〈The Power of Love〉)과 함께 이 프로그램의 백미다. 그 자리에서 두 사람은 서로의 안부를 묻고 과거를 회상하며 고맙거나 안타깝거나 아쉽거나 미안한 감정을 나눈다. 그런 다음 두 사람은 대개 손을 잡고 박수를 받으며 스튜디오 밖으로 걸어 나간다. 이 장면이 바로 미래의 시간이다. 기껏 1~2분밖에 안 되는 그 짧은 시간 동안 시청자들은 그들이 아름답게 펼쳐갈 미래를 상상하며 프로그램이 끝난 뒤에도 긴 여운을 즐긴다. 언제 끝날지 모를 그 여백의 시간 속에 시청자들은 온갖 상상의 서사를 채워 넣을 것이다. 지금까지 설명한 내용을 프로그램 진행 순으로 요약하면, '현재→과거→현재→과거&현재→미래'가 되겠다.

'찾을 사람'은 크게 두 가지 유형으로, 정신적 조력자이거나 애정의 대상이다. 정신적 조력자의 대표 사례는 선생님이지만, 그 밖에도 이웃집 어른이나 하숙집 주인인 경우도 있다. 애정의 대상은 주로 짝사랑했던 동창생이지만, 선생님이나 동네 및 학원 친구일 때도 있다. 선생님 중에는 노령이나 지병으로 사망한 경우도 있었다. 탤런트 강부자는 당시 100세였던 은사를 감격적으로 상봉하기도 했다(1996년 5월 3일 방송).

젊은 시절 친자식같이 보살펴 주었던 분을 찾은 출연자도 있었는데, 나는 그 정도로 큰 은혜를 입었으면서 그제야 찾아 나선 출연자를 속으로 책망한 적도 있다. 아무리 공영방송에서 진행하는 공식 만남이라고 해도 엄연히 배우자가 있는 출연자가 첫사랑의 대상을 저렇게 반갑게 만나도 될까 하며, 내가 도리어 죄책감을 느낀 기억도 있다. 미혼인 출연자가 짝사랑하던 상대를 만난 경우 두 사람이 너무나 잘 어울려 보일 때도 있었지만, 영 아니다 싶을 때도 있었다.

그런데 무엇보다 내가 가슴 졸이며 지켜봤던 사례는 자기 분야에서 일가를 이룬 출연자가 자신의 숨은 재능을 일찌감치 알아보고 격려하거나 그 재능을 발휘할 수 있도록 보살펴 준 조력자를 만난 경우다. 세계적인 성악가 조수미에게는 초등학교 저학년 때 그녀의 남다른 목소리를 알아봐 준 선생님이 있었고(1997년 7월 4일 방송), '천의 목소리'를 가진 독보적인 성우 배한성에게도 "넌 분명히 훌륭한 성우가 될 거야"라고 격려해 준 중학교 선생님이 있었다(1997년 5월 9일 방송). 대한민국 최초의 디바 윤복희에게도 헌신적인 사랑으로 고등학교 졸업장을 받을 수 있게 도와준 선생님이 있었다(1996년 11월 29일 방송). 권투선수 홍수환은 뜻밖의 패배로 좌절에 빠졌으나 우연히 만난 팬의 따뜻한 위로로 4전 5기의 신화를 이룰 수 있었다(1995년 5월 2일 방송). 이들 조력자가 아니었다면 출연자의 현재는 없었을지도 모른다. 출연자들이 수십 년 만에 조력자들을 만나 진심 어린 고마움을 전하는 순간, TV를 지켜보는 내 가슴도 먹먹해지곤 했다.

결국 나의 이야기로 돌아오는 마법 같은 힘

〈TV는 사랑을 싣고〉의 영상 내부에 '세 겹의 시간'이 있다면, 영상 외부에는 '영상을 보는 현재'라는 또 한 겹의 시간이 있다. 앞에서도 말했지만, 이 프로그램의 원형인 '시즌1'은 1994년 5월 3일부터 2010년 5월 8일까지 방송되었다. 그러므로 이들은 2025년 현재로부터 짧게는 15년 전에, 길게는 31년 전에 방송된 프로그램이다. 따라서 '영상 속 현재'와 '영상을 보는 현재' 사이에 15년에서 31년까지의 시차가 존재할 수밖에 없다.

'영상을 보는 현재'의 관점에서 '영상 속 현재'를 바라보면, 그동안 우리 사회에 나타난 몇 가지 의미 있는 변화를 감지할 수 있다. 먼저 〈TV는 사랑을 싣고〉가 방송되던 시기에는 부모와 아들 부부가 함께 사는 대가족이 적지 않다는 점과 미혼의 경우에도 대부분 부모와 함께 거주한다는 점이 눈에 띈다. 결혼하면 당연히 분가하고 결혼 전이라도 독립 세대를 이루는 요즘 문화와 차이가 크다. 또 개인정보 보호에 대한 인식이 매우 적다는 점, 아파트보다 단독주택이 더 많이 등장한다는 점, 손님에게 쉽게 문을 열어준다는 점 등 지금과는 많이 다른 세태를 보며, 세월을 거치면서 우리 사회에 개인 간 장벽이 매우 높아졌다는 사실을 확인할 수 있다.

〈TV는 사랑을 싣고〉는 지금은 유명인이 된 그들의 이야기인 것 같지만, 결국에는 나의 이야기로 돌아오게 만든다. 그것이 바로 이 프로그램의 마법 같은 힘이다. 나는 앞으로도 틈나는 대로 이들 영상을 재생하며 나만의 추억을 소환할 작정이다. 최백호가 부른 〈낭만에 대하여〉의 가사처럼 "첫사랑 그 소녀는 어디에서 나처럼 늙어갈까?" 초등학교 때 전학을 가며 집 주소를 알려달라던 그 친구는 떨떠름했던 내 반응에 얼마나 섭섭했을까? 초·중·고등학교 12년 동안 만난 열두 분의 담임선생님 중 나를 가장 따뜻하게 대해준 중3 때 담임선생님은 아직 살아 계실까? 대학 때 하숙비가 몇 달 밀려도 싫은 소리 한마디 하지 않던 그 아주머니는 아직도 조기를 '조구'라고 발음할까? 만약 이 프로그램이 다시 방송되고 내가 출연할 기회를 얻는다면, 나는 반드시 이들 중 한 분을 찾아달라고 의뢰할 것이다(물론 그럴 가능성은 없다).

그런데 이 프로그램을 볼 때마다 내 머리를 맴도는 궁극의 질문은 따로 있다. 나에게는 왜 '현재의 나'를 만들었다고 얘기할 만한 조력자가 없었을까? 그런 분이 없었기에 '현재의 나'가 변변치 못한 걸까? 아니, 그런 분이 실은 있었는데 나의 불찰로 알아보지 못했던 걸까?

송해, 최고가 아니었기에 최고가 된 사람

2022년 6월 8일
95세를 일기로 서거한
국민 MC 송해 님의 명복을 빌며

원조 국민 MC, 일요일의 남자, 동해·서해·남해와 함께 대한민국을 둘러싸고 있다는 분, 송해 선생이 별세했다. 내가 '송해'라는 이름을 처음 알게 된 건 10대 시절인 1970년대 인기 라디오 프로그램이었던 〈송해 이순주의 싱글벙글 쇼〉에서였다. 얼마 전까지 강석과 김혜영이 30년 넘게 진행했던 바로 그 〈싱글벙글쇼〉가 1973년부터 시작되었으니, 1980년 시작된 〈전국노래자랑〉보다 더 장수한 프로그램이다. 물론 1971년부터 1977년까지 〈KBS배 쟁탈 전국노래자랑〉이라는 이름의 오디션 프로가 있었으나, 이는 현재의 〈전국노래자랑〉과 성격이 꽤 다르다.

세계 최고령 음악 경연 프로그램 진행자

그 무렵 40대 중반이었을 그를 먼발치에서나마 직접 본 적이 있다. 내가 살던 소도시 공설운동장에서 시민 위안 어쩌고 하는 쇼가 열렸는데, 나는 몰래 담을 넘어 들어갔다. 그때 사회자가 바로 송해와 이순주였다. 라디오 프로그램에서 그 두 사람이 워낙 다정하게 만담을 펼치기에 그들이 부부이거나 연인일 거라고 멋대로 짐작했다. 그런데 행사 현장에서 그들의 막전 막후를 유심히 살펴본 결과, 나의 어설픈 짐작이 틀렸음은 물론 어쩌면 개인적으로 안 좋은 사이일 수 있다고 생각했다. 가수가 노래를 부르는 동안 그들이 서로 한마디도 하지 않고 냉랭하게 외면했다는 것이 내 나름의 논거였다. 만약 방송국에서 그 사실을 알게 되면 그들은 어쩌면 잘릴지도 모른다고 걱정하면서, 그들의 사이가 들통나지 않기를 바라기도 했다. 진실이야 알 수 없지만, 주제넘게 별걱정을 다 했던 셈이다. 이 글을 쓰면서 확인해 보니 이순주는 2021년 4월 작고했다.

당시 사회자로는 곽규석이 단연 최고였고 송해는 늘 한두 단계 아래였다. 곽규석은 TV의 주요 연예 프로그램의 사회를 도맡았고, 송해는 주로 라디오, 야외 행사, 지방 공연의 사회자로 활동했던 것 같다. 코미디언으로도 송해는 늘 구봉서, 서영춘, 배삼룡의 뒷자리였다. 그들이 최고의 코미디언으로 갈채를 받을 때 송해는 기껏 조역으로서 그들의 병풍 역할에 그쳤다.

그러나 그는 결국 그 선배 스타들도 오르지 못한 자리에

올랐다. 〈전국노래자랑〉은 매주 전국 구석구석을 다니며 녹화해야 하는 야외 행사 프로그램이니, 그가 최고의 사회자나 코미디언이었다면 맡지도, 맡기지도 않았을 것이다. 그는 그 자리를 30년 가까이 지키며 '세계 최고령 음악 경연 프로그램 진행자'라는 전대미문의 기록을 남겼다.

물론 이는 〈전국노래자랑〉이라는 프로그램이 유행이나 시의성을 타지 않는 장수 프로그램의 조건을 갖추었기에 가능한 일이었지만, 무엇보다 사회자의 재능과 꾸준한 자기관리가 따르지 않았다면 불가능했을 것이다. 결국 송해는 최고가 아니었기에 최고가 될 수 있었다.

우리에게는 왜 '존경받는 원로'가 드물까?

송해는 우리 사회에서 보기 드문 '존경받는 원로'였다. 분야마다 존경받는 분이나 원로가 있을 것이다. 그러나 두 조건을 동시에 갖춘 '존경받는 원로'는 매우 드물다. 4.19혁명 당시 이승만 하야를 이끌어 낸 결정적 계기 역시 존경받는 원로 교수들의 학생 지지 시위였다. 2000년대 초까지만 해도 새해를 맞아 언론사마다 '원로에게 듣는다'와 같은 기획을 통해 사회의 앞길을 묻곤 했다. 그러나 지난 20~30년 동안 사회는 크게 변했고, 존경받는 원로는 거의 자취를 감추었다. 있다 하더라도 영향력을 발휘하지 못하는 경우가 대부분이다. 사람들은 늘 새로움을 추구하고, 오래된 것은 지혜가 아니라 낡은 것으로 치부해 폐기해 버린다.

　드라마 속에서는 부모의 후광을 업은 20~30대의 야심만만한 '실장님'이나 '본부장님'이 40~60대의 상사나 동료를 무능하거나 고리타분한 인물로 그리며 야멸차게 제압하는 장면이 흔하게 등장한다. '꼰대'나 '아재' 같은 말로 기성세대를 조롱하는 일은 이제 기성세대조차 스스로 받아들일 만큼 굳어졌다. 나이 든다는 사실 자체가 죄악처럼 여겨지고, 노인은 악마로 몰리고 있다. '계획적 노후화'라는 마케팅 전략이 사람에게까지 적용된 것일까. 이런 부당한 '악마화' 속에서 원로가 설 자리는 점점 좁아졌고, 존경까지 받는 것은 낙타가 바늘구멍을 통과하는 것만큼이나 어려운 일이 되었다.

　그런데도 오랜 세월 단 한 번의 스캔들이나 불미스러운 사건 없이 국민의 사랑과 존경을 받으며 자리를 지켜온 원로가 있었다는 것은 큰 행운이었다. 그가 활동한 곳이 오랫동안 '딴따라'라며 천대받던 연예계였음을 상기할 필요가 있다. 진심 어린 존경과 애도의 마음을 전하는 후배 연예인들의 모습을 지켜보면서, 이른바 '높은 교육열' 속에서 길러진 각 분야의 가방끈 긴 지식인들은 왜 존경받는 원로를 제대로 모시지 못했는지 되돌아보게 되었다. 상투적인 애도의 수사보다 지금 우리에게 더 필요한 것은 바로 그 반성일 것이다.

'승무'와 '농무'의 거리

2024년 5월 22일 작고한
민중시인 신경림 님의
명복을 빌며

    한국 민중시의 전범을 제시했다고 평가받는 신경림 시인이 작고했다. 신경림 시인의 대표작 〈농무農舞〉를 처음 접했을 때의 충격을 아직 잊지 못한다. 대학 입학시험을 치르러 서울에 처음 올라온 직후 어느 날이었다. 어느 신문에 해설과 함께 실린 〈농무〉는 당시 교과서에 실린 시, 말하자면 지고지순한 아름다움이나 뭔가 고상한 생각을 표현하는 시만 알고 있던 내 인식을 단박에 깨주었다. 소줏집에 몰려 술을 마신다느니, 철없이 킬킬댄다느니, 무언가를 여편네에게 맡겨둔다느니 하는 속된 말들이 어떻게 시에 나올 수 있지? 그런데 왜 조지훈의 〈승무僧舞〉나 박목월의 〈나그네〉를 접했을 때 느끼지 못했던 묘한 공감의 정서가 올라오는 걸까?

그 시에는 '산 나루 건너서 밀 밭길' 같이 극도로 추상화된 장소 대신, 오동나무에 전등이 매어 달린 가설무대, 학교 앞 소줏집, 기름집 담벽, 쇠전을 거쳐 도수장 앞 등 내가 살던 강원도 산골 마을 어디선가 보았거나 보았을 법한 장소가 나온다. 그리고 "두 볼에 흐르는 빛이 정작으로 고와서 서러워라" 같이 관념으로 채색된 아름다움의 표현 대신, 답답하고 고달프게 사는 것이 원통하다는 둥, 산 구석에 처박혀 발버둥 친다는 둥, 서림이처럼 해해댄다는 둥 어린 내가 눈과 가슴 깊이 담아둔 느낌과 장면들이 고스란히 드러나 있다. 이 모든 생생한, 뭐랄까 현장감이나 임재감 같은 것이 내 마음을 흔들어 놓은 것이다.

문학평론가 유성호 교수는 시집 《농무》에 대해 "산업화 시대를 살아가는 농민들의 사회적 상상력을 한 차원 높인 기념비적 세계로 평가받고 있다. 그 안에는 허물어져 가는 우리나라 농촌의 생활적 세부가 충실하게 재현되어" 있다고 상찬했다.

문학에 대한 인식을 깨트린 〈농무〉

대학에 진학한 나는 문학이 전공은 아니었지만, 계간지 《창작과 비평》을 통해 리얼리즘이라는 문학사조를 알게 되었고, 틈틈이 그 계간지에 실린 시들을 살펴보고 드물게나마 시집도 사보면서 시와 문학에 새롭게 눈을 떴다. 시인의 첫 시집 《농무》는 여러 하숙집과 자취방을 전전하면서도 내 책꽂이에 오랫동안 꽂혀 있었다. 비유컨대 내가 문학을 이해하는 과정은 '승

한국 전통 민속춤, 승무.

무'에서 벗어나 '농무'에 이르는 여정이었다.

얼마 전 친구 자제의 결혼식에서 아주 오랜만에 옛 친구들을 만났다. 결혼식장이 1960~1970년대 요정으로 이름 높던 '삼청각'이라, 대화는 자연스럽게 삼청각과 함께 당시 3대 요정 중 하나였던 '대원각'으로 이어졌다. 대원각을 말하게 되면 무슨 코스요리처럼 길상사, 법정 스님, 본명이 김영한인 자야 여사 그리고 백석 시인으로 연결되기 십상이다. 당시 시가로 1000억 원에 달하는 대원각이 백석 시인의 시 한 줄만도 못하다는 자야 여사의 빛나는 어록은 그 코스요리의 맛난 디저트에 해당한다.

그런데 이는 나만의 기대일 뿐이었다. 그들은 길상사와 법정 스님까지는 아는데 그 이후 코스는 금시초문이라는 반응을 보였다. 대체로 상경계통을 전공하고 금융권에서 삶의 대부분을 보낸 이력이 그렇게 나타난 것일까. 유신 시절 국정교과서로 국어를 배우고 1980년대 초 대학을 다녔던 그들이 1990년이 다 되어 해금된 월북 시인을 모른다는 걸 이해하지 못할 바는 아니지만, 아무리 그래도 김소월, 정지용과 함께 우리나라 서정시의 큰 산을 이룬 백석의 이름조차 못 들어봤다는 건 조금 실망스러웠다.

금융, 곧 돈이라는 매개체로 세상을 이해하며 살아왔을 그들은 어쩌면 나를 별걸 다 아는 엉뚱한 녀석이라고 생각했을지 모른다. 하지만 내가 그들의 메마르고 푸석푸석한 지난 삶을 향해 강한 측은지심의 화살을 쏘아댔다는 걸 그들은 눈치 채지 못했을 것이다. "넌 어떻게 그런 걸 다 아니?"라고 묻는 한 친구에게 "네가 주가 시세표나 주식 분석 자료를 보고 있을 때 난 시집이나 평론집을 봤기 때문이지"라고 대답하고 싶었지만, 얼버무리며 그냥 웃고 말았다.

대학 시절 혼자서 문학작품과 문학평론집을 읽다가 문학 전공으로 대학원을 진학하기로 결심한 것도 그 출발점에 신경림과 〈농무〉가 있었다고 말할 수 있다.

시인은 가도 시는 남는다. "하늘은 날더러 구름이 되라 하고/땅은 날더러 바람이 되라 하네" 시인의 또다른 대표작 〈목계장터〉에 나오는 이 절창대로, 시인은 하늘의 명을 받아 구름이 되었거나 땅의 명을 받아 바람이 되었을 것이다.

〈해뜰날〉은 유신정권의 선전가요였을까?

2025년 2월 7일 작고한
가수 송대관 님의
명복을 빌며

송대관은 오랜 가수 활동 기간에 수많은 곡을 발표했고 적지 않은 히트곡을 남겼다. 그가 세상을 떠난 뒤 언론은 하나같이 그를 '〈해뜰날〉의 가수'로 소개했다. 이는 반세기 전에 나온 이 노래가 그의 출세곡이자 불후의 히트곡이어서겠지만, 한국 사회에 끼친 영향과 상징성이 워낙 컸던 탓이기도 할 것이다. 〈해뜰날〉은 1975년, 그가 29세에 발표해 공전의 히트를 기록한 노래다. 당시 고등학생이던 나는 그 무렵 그 노래를 하루에 서너 번씩은 들은 것 같다.

표면적으로 이 곡은 힘든 시기를 지나면 반드시 좋은 날이 온다는 희망의 메시지를 담고 있다. 하지만 시대적 배경을 고려하면 단순한 희망가 이상의 숨은 의미를 지니고 있다. 그 함의를 파악하려면 당시 한국 사회가 박정희 유신정권의 강력한 통제 아래 있었고, 대중문화 역시 바로 그 영향권에서 벗어나지 못했다는 사실을 염두에 두어야 한다.

대마초 사건 후 곧바로 등장한 〈해뜰날〉

10월 유신 이후 한국의 대중문화는 정권의 독점적 지배 아래 놓이게 되었다. 이러한 경향은 긴급조치가 남발되던 1970년대 중반 이후 사회 분위기가 극도로 경직되면서 더욱 강화되었다. 이러는 가운데 대중에게 미치는 영향력이 날로 확대되던 대중문화에 대한 통제 역시 더욱 강화되는 것은 피할 수 없는 일이었다. 그리하여 1970년대 중반에는 우리 역사상 유례를 찾을 수 없는 대중문화에 대한 정권의 강력한 통제가 실시되었다. 이른바 '통기타 가수'와 일련의 연예인들에 대한 탄압이 그것이다.

— 국사편찬위원회에서 운영하는 '우리 역사넷'의 《한국문화사》 중 20권 4장 '소비 대중문화의 형성과 광고'에서 인용

따지고 보면 1970년대 전체가 대중문화의 암흑기라고 볼 수 있겠지만, 특히 1975년은 우리나라 대중문화사에서 가장 비극적인 해로 기록될 것이다. 당시 대학가에서 인기를 얻고 있던 신중현의 〈거짓말이야〉, 이장희의 〈그건 너〉, 김민기의 〈아침이슬〉, 송창식의 〈왜 불러〉 등 현실을 비판하거나 풍자했다고 인

식되는 88곡이 금지곡으로 선정된 해가 바로 1975년이었다. 한 대중문화 평론가는 1975년을 다음과 같이 정리했다.

> 한겨울 〈동아일보〉의 자유언론 투쟁에 대한 탄압에서 시작해 유신헌법 찬반투표, 긴급조치 9호, 총학생회 해체 등으로 숨 가쁘게 치달아 온 1975년은 12월에 대마초 사건이라는 요란한 마약류 사건으로 끝이 났다. 한국의 민주주의가 우르르 무너져 가는 이 기막힌 흐름 속에 화려하게 배치된 마약류 사건이라니! 그 타격의 방향이나 강도가 정교하게 계산된 '쓰리쿠션'을 보는 듯하다. – 이영미, 《동백아가씨는 어디로 갔을까》 중에서

절묘하게도 송대관과 〈해뜰날〉은 바로 그 12월에 등장했다. 대마초 사건으로 활동이 금지된 가수와 금지곡들과 마치 바통 터치라도 하듯이 말이다. "꿈을 안고 왔단다 내가 왔단다/슬픔도 괴로움도 모두 모두 비켜라/안 되는 일 없단다 노력하면은/쨍하고 해 뜰 날 돌아온단다/뛰고 뛰고 뛰는 몸이라 괴로웁지만/힘겨운 나의 인생 구름 걷히고/산뜻하게 맑은 날 돌아온단다/쨍하고 해 뜰 날 돌아온단다." 〈해뜰날〉 가사에는 이농현상에 따른 도시집중, 도시빈민의 고된 삶 그리고 출세와 성공에 대한 열망 등 우리나라의 압축적 근대사가 왜곡된 형태로나마 어른거린다.

3장 '우리'와 '나'는 만날 수 있을까?

〈해뜰날〉은 '하면 된다'의 가요 버전

거듭 확인하게 되는데, 이 가사에는 현실에 대한 긍정과 미래에 대한 희망이라는 표면적 의미를 넘어, 체제에 순치된 '유신형 한국인'을 생산하려는 박정희 군사정권의 계몽적 이데올로기가 내포되어 있다는 것을 놓쳐서는 안 된다. 말하자면 유신정권 내내 국민에게 주입되었던 '하면 된다'라는 가부장적 군사문화가 깊이 새겨져 있다는 얘기다. 박정희 유신정권의 대표 구호인 '하면 된다'의 가요 버전인 셈이다.

이렇게 보면 〈해뜰날〉의 대 히트는 결코 우연이 아니었다. 당시 사회문화적 조건, '입틀막'하는 정권의 요구 그리고 고난 극복을 주문하는 가사, 이렇게 삼박자가 절묘하게 맞아떨어진 결과였다. 출시 직후 박정희 대통령이 우연히 라디오에서 이 노래를 듣고는 "그래, 노래는 이렇게 신이 나야지!" 하며 좋아했다는 소문이 돌았다고 한다. 또 그 시절 군부대에서는 병사들에게 마치 군가처럼 하루 종일 〈해뜰날〉만 부르게 했다는 얘기도 있다. 나무위키에 있는 정보라 사실 여부는 불확실하지만 그럴 개연성은 충분하다.

이처럼 박정희 정권이 이 노래를 나중에 발견하고 적극 활용했을 수도 있고, 아예 처음부터 문화공보부를 통해 기획했을 수도 있다. 어느 쪽이든 정권이 〈해뜰날〉을 선전 도구로 활용했을 가능성은 충분하다. 당시 정권이 방송국에 직접 압력을 가해 자신들에게 유리한 메시지를 반복적으로 송출하도록 강요했을 수도 있고, 체제에 순치된 방송국 측에서 자발적으로 협조했을 지도 모른다. 이 노래는 이와 같은 방식으로 유신정권의 선전가요 역할을 하며 대중매체를 통해 끊임없이 재생되었을 것이다. 그 결과는 1976년 MBC 10대 가수 가요제에서 가수왕과 최고 인기 가요상 수상으로 나타났다.

    그러나 이유가 어찌 됐든 송대관은 송대관이다. 〈해뜰날〉의 히트 배경에 그런 정치적 이유가 있었다고 해서 가수로서 그의 역할이 평가 절하될 이유는 없다. 그는 〈해뜰날〉 이후에도 〈네 박자〉〈차표 한 장〉 등의 히트곡을 연이어 발표하며 한국 대중음악사에서 중요한 위치를 차지하는 가수로 자리 잡았다. 그의 음악은 시대의 흐름 속에서 다양한 의미를 지녔지만, '트로트 4대 천왕'으로 오랜 세월 많은 사람의 마음을 다독이고 위로한 것은 분명한 사실이다.

닿지 못한 꿈,
베네통 광고 이야기

　　베네통 광고로 유명한 올리비에로 토스카니Oliviero Toscani가 별세했다는 소식을 우연히 접했다. 그의 기일은 2025년 1월 13일이지만 내가 그 소식을 접한 건 그로부터 석 달쯤 지난 뒤였다. 아는 사람이 거의 없을 이 이름을 기사에서 확인하고는 한동안 깊은 상념에 젖었다. 디지털 문명의 일원이 된 이후 지금까지 이메일 등에서 내가 주로 사용하는 ID는 'toscanii'로, 그의 이름에 i를 하나 더 붙인 것이다. 내(I)가 토스카니처럼 되겠다는 뜻이 담겨 있다. 나는 그만큼 오랫동안 이 이름과 함께 살아왔다.

　　20대 후반, 나는 공부와 취업 사이에서 오랫동안 갈등하다가 결국 취업을 선택했다. 공부를 계속하기에는 현실적인 장벽이 너무나 높았고, 이를 이겨낼 자신이 없었기 때문이다. 그리고 당시만 해도 생소한 광고 카피라이터의 길로 나섰다. 마음의 준비도 없이 얼떨결에 선택한 직업이었다. 처음에는 만만하게 보고 의기양양했으나 이내 요즘 말로 '현타'가 왔다. 이전에는 거의 써보지 않은 감성의 근육을 끄집어내 사용하면서 하루하루 힘겹게 버텨내고 있었다.

모든 것을 약속하면서 아무것도 주지 않는 광고

그때 나에게 한 줄기 희망의 빛을 던져준 인물이 바로 올리비에로 토스카니였다. 신부神父와 수녀의 감미로운 입맞춤, 에이즈로 죽어가는 사람과 그 가족의 안타까운 표정, 탯줄도 끊지 않은 피붙이 태아, 전몰장병의 묘역, 형형색색의 콘돔…. 세계적인 화제를 몰고 온 베네통 광고 캠페인United Colors of Benetton은 이전부터 선망의 대상이었다. 그래서 광고인으로서 누가 어떤 생각과 배경 속에서 이 캠페인을 만들었는지 궁금했다. 그러던 차에 그 주인공의 저서 《베네통 광고 이야기》를 운명적으로 만나게 된 것이다. 사진작가로서 그 세계적인 광고 캠페인을 성공적으로 이끈 인물이 바로 올리비에로 토스카니였다. 1998년에 나온 나의 전작 《광고는 덫이다》에서 정리한 내용을 따라 그의 광고 세계로 떠나보자.

광고에 대한 토스카니의 입장을 알기 위해서는 우선 기존 광고에 대한 그의 불신이 엄청나게 깊다는 것을 이해하는 데서 출발해야 한다. 그는 말했다. 기존 광고는 우리에게 외상으로

낙원을 약속하고, 매일 신의 환영을 보여주며, 일상을 신격화하고, 기적의 상품이랍시고 물건을 들고나와 엄숙한 성체 배령으로 미화시키는 신성모독을 범한다고. 기존 광고는 사랑의 반대말로서 모든 것을 약속하지만 아무것도 주지 않는다고.

광고란 원래 그런 것이 아닌가? 애당초 광고란 상품의 장점을 극대화해 꿈을 갖도록 만든 다음, 소비를 통해 그 꿈이 이뤄질 수 있는 것처럼 말하는 양식으로 태어났는데, 그것이 어째서 문제가 된다는 말인가? 혹시 이런 반론을 펼 이들을 위해 광고는 영화, 문학, 회화와 같이 엄연히 예술의 한 분야라는 견해를 준비하고 있었다. 20세기에 들어와 인간 감정의 어두운 면을 찾아내는 영화, 행복한 이야기를 거부하고 잔인하고 끔찍한 이 시대를 가장 명석하게 표현하는 문학, 격렬한 마음의 고통이나 내부의 심상을 표현하는 회화…. 다른 예술은 이미 거기까지 가 있는데, 순진하게 아름다움을 숭배하는 저급한 예술의 수준에 광고가 머물러 있다고 그는 단정한다. 광고가 다른 예술에 비해 한 세기 이상 뒤떨어졌다는 게 그의 진단이었다.

기존 광고에 대한 그의 불신은 광고업자와 대행사에 대한 환멸로 이어졌다. 그는 광고업자를 '광고쟁이' '얼간이' '바보' 같은 극단적 용어를 써가며 비하하는 한편, 광고대행사는 무능하고 독창성 없는 사람들의 천국이라고 까뭉갰다. 또한 창조적인 능력이라곤 눈곱만큼도 없는 마케팅 책임자를 광고계의 막강한 주도자로 만들어 모든 것을 망쳐놓고 있다고 단언했다.

"광고는 사람들에게 도움을 청한다. 하지만 이 창조적인 사람들은 마케팅의 감시를 받고, 물건을 팔리게 하라는 독촉을 당하는 멍에에 묶여 일한다."

기존 광고와 광고업자들에 대한 이런 극도의 부정적인 태도는 급기야 광고의 뉘른베르크 재판을 열어 그들을 단죄하겠다는 의지로 발전했다. 광고와 광고업자에 대해 그가 말하는 죄목은 이렇다. 사람들의 올바른 판단을 가로막은 죄, 은밀하게 설득한 죄, 거짓말을 한 죄, 막대한 돈을 낭비한 죄, 시민의 평화를 해친 죄, 사회적으로 아무 쓸모도 없는 죄, 말을 오염시킨 죄, 표절한 죄….

그중 몇 가지만 예를 들어 구체적인 논거를 살펴보자. 사회적으로 무가치한 죄는 이렇다. 돈을 쏟아붓는 기업들이 정작 공공을 위해 교육적으로 어떤 역할을 담당해야 하는지에 대해 광고업자들은 생각조차 하지 않는다는 게 그의 판단이었다. 광고주를 잃게 될까 봐 그것에만 연연하느라 대중이 불편을 겪지 않도록 미리 알려주는 따위의 일은 할 마음이 없다고 봤다.

거짓말을 한 죄란 이랬다. 결국 이룰 수 없을 게 분명한데도 사람들에게 풍요롭고 안락한 삶을 꿈꾸라고 속삭인다는 것이다. 실제 삶을 보여주면서 대중을 끌어들이지 않았기 때문에 거짓말을 한 셈이라는 것이다. 이것은 행복을 팔겠다는 욕망이 지나쳐서 결국 욕구불만을 가진 사람들을 양산함으로써 시민의 평화를 깨뜨린 죄를 범한 것으로까지 이어졌다.

광고는 상품의 철학을 파는 행위여야 한다

그렇다면 그가 원하는 광고의 모습은 어떤 것이었을까? 광고는 거리의 예술로서 우리가 사는 도시의 환경과 평범한 옷들을 보여주어야 한다고 그는 주장했다. "나는 물건을 사라고 설득할 생각은 없다. 대중과 이야기하려고 노력할 뿐이다." 그 이유는 전 세계 7000여 개 점포에서 팔려나가는 스웨터들이 좋은 품질과 다양한 색상이라는 스웨터 자체의 장점만으로도 충분한 성과를 거두고 있어서였다.

그는 광고를 통해 대중과 철학적인 견해, 여러 인종이 어울려 살기에 대한 견해를 함께 나누려고 노력할 뿐이라고 말했다. 그럼으로써 오로지 소비만을 내세우지 않고 상표의 이미지를 철학적으로 발전시키고자 한다는 것이다. 광고를 통해 상품의 개념을 파는 것이 아니라 상품의 철학을 판다는 의미다. 반인종주의 정신, 세계주의 정신, 금기를 반대하는 정신 등 인류의 보편적 가치가 베네통 광고의 일관된 테마가 된 이유를 알 수 있는 대목이다.

나는 광고를 하지 않는다. 물건을 팔려는 게 아니다. 서툰 책략을 써가며 물건을 사라고 사람들을 설득하지도 않는다. 베네통 스웨터의 무늬와 색깔을 굳이 자랑하지도 않는다. 나는 늘 냉소적이지 않은 새로운 표현 방법을 찾으려고 노력한다. 모든 예술가가 그렇듯이 대중들과 의견을 나눈다. 베네통을 알리려고 세상의 불

베네통 광고를 만든 올리비에로 토스카니(1942~2025).

행을 이용하지 않는다. 견고하게 자리 잡은 순응주의에 도전한다. 현실의 충격과 대중매체를 이용한 게시. 제대로 취급받지 못하고 무시당하는 광고라는 예술의 힘을 이용한다.

그는 이런 신념을 베네통 광고에 담기 위해 인종차별 정책이 폐지되기 직전의 남아프리카공화국, 최초로 팔레스타인 자치지구가 된 가자지구에 다녀와 그곳 주민들의 생생한 모습을 보여주었고, 앞으로도 북한, 인도, 예멘 사람들과 집시들을 카메라에 담을 생각이라고 했다. 한 역사적 사건의 소용돌이 속에 있었던 평범한 사람들의 모습을 보여줌으로써, 광고를 대중들과 대화하고 공감하고 교류하는 장으로 삼겠다는 뜻이었다.

비판을 넘어 대안을 제시한 광고의 혁명가

그의 주장을 따라가다 보면, 보통 사람이 알고 있는 광고에 대한 개념은 그 뿌리부터 흔들린다. U.S.P.니, 브랜드 이미지니, 포지셔닝이니 하는 전통적 광고 전략은 그의 당당한 논리 앞에서 여지없이 무너진다. 대신 상품의 가치란 그것이 주는 효용이나 이미지보다는 광고를 통해 전달하는 메시지가 얼마나 현실적이고 공감적인지, 그래서 대중의 자발적 참여가 얼마나 많이 이뤄지는지에 따라 결정된다는 결론에 이른다. 비유컨대 그는 광고의 혁명가였다. 그것은 광고라는 틀 속에 담고자 하는 내용이 지금까지와는 전혀 다르다는 점에서도 그렇지만, 광고라는 양식 자체를 완전히 새로운 방법으로 해석하고 있다는 점에서도 그렇다.

사실 토스카니가 지닌 극도의 광고 혐오증은 그리 낯선 것만은 아니다. 광고에 대한 그 매몰찬 비판은 마르크스주의 계열 학자들이나 비판 커뮤니케이션 또는 문화연구 이론가들을 연상시킨다. 하지만 그들의 주장보다 더 설득력 있는 이유는 무엇보다 토스카니가 전 세계적인 화제를 몰고 온 광고 캠페인을 성공적으로 이끈 인물이어서일 것이다. 그는 무조건 광고를 부정하는 사람들과 달리, 광고가 나아가야 할 명백한 대안을 제시하고 있다는 점에서 매우 독특한 자리에 서 있었다.

앞에서 살펴본 그의 광고 철학이 실현될 수 있었던 것은 무엇보다 베네통사의 창업자이기도 한 루치아노 베네통이라는 후원자를 만났기 때문이다. 그 후원자는 토스카니의 본능과 창조적 능력을 전적으로 신임하고 그에게 광고에 관한 전권을 주었다.

나는 올리비에로 토스카니를 꿈꾸었으나 그의 먼발치에도 가닿지 못하고 결국 광고계를 떠났다. 내 능력이 부족한 탓도 있겠으나, 우리나라에서 토스카니가 되기란 낙타가 바늘구멍에 들어가기만큼 어렵기 때문이다. 지금도 그럴 것이다. 토스카니는 광고인으로서의 내 삶에 희망의 등불을 비춰준 롤모델이었으나, 결국에는 광고인으로 이룰 수 없는 허황된 꿈을 꾸게 하고 헛된 용기를 키워준 거품 장수가 되어버렸다. 하지만 광고계를 떠난 나의 삶은 그로 인해 더 넓고 풍성해졌으니, 그는 여전히 내가 추앙하는 인물 목록에 굵은 글씨로 남아 있다.

'뉴라이트'의 기원에 관한 아주 사적인 기억

"입추立錐의 여지가 없다"라는 말은 송곳을 세울 만큼도 남은 땅이 없다는 뜻이다. 흔히 사람들이 빈틈없이 빽빽하게 모여 있는 광경을 묘사할 때 상투적으로 사용되는 비유다. 1982년 어느 쌀쌀한 봄날, 내가 다니던 대학에 개설된 '한국 근대경제사' 강의실이 꼭 그랬다. 전두환 정권의 서슬이 시퍼렇던 그때, 진보적 학자의 상징으로 꼽히던 A교수가 우리 대학에 와서 강의한다는 사실은 그 자체로 큰 화제였다.

당시에는 꼭 운동권이 아니더라도 그리고 굳이 무슨 혁명이 아니더라도, 세상을 바꿔보고 싶어 하는 대학생이 많았다(하긴 대학생이라면 어느 시대엔들 안 그랬을까). 그리고 그 대다수는 유물사관에 어느 정도씩은 경도된 채 경제사를 공부하며 당대의 역사적 과제를 가늠하려 했다. '서경'이라고 줄여 부르던 최종식의 《서양 경제사론》은 그런 대학생들의 애독서였다. 조사와 어미만 빼고 거의 모든 문장이 한문으로 된 그 책을 나 역시 밑줄 쳐가며 읽었다. 그런데 그에 필적하는 '한국 경제사' 관련 책은 없었다. 여차하면 한국 경제사의 지존인 A교수가 소속된 대학으로 가서 청강이라도 할 판인데, 마침 그가 우리 쪽으로 왔으니 열화와 같은 호응을 받은 건 당연했다.

그 교수의 이름은 안병직. 훗날 일본과 이승만과 박정희를 숭배하는 '뉴라이트'의 대부, 일제강점기를 미화하는 '식민지 근대화론'의 주창자로 알려진 바로 그 사람이다.

나는 당시 경제학과 3학년생으로서 수치와 도표의 늪에 빠져 허우적대는 주류경제학에 이미 흥미를 잃은 상태였다. 다만 비주류인 경제사와 경제사상사에 관심을 가진 것으로 경제학과 학생의 정체성을 간신히 유지하고 있었다. 그러니 나에게 그 강좌는 구원의 동아줄 같은 것으로 보였다. 그만큼 기대가 컸다.

하지만 서너 번 듣고 나서는 그 강의에 실망하고 말았다. 구체적인 이유는 잘 기억나지 않지만, 한 마디로 강의 내용이 기대와 많이 달랐던 탓이다. 나는 결국 그 강의를 끝으로 경제사를 향한 관심을 접고 말았다. 따지고 보면 교수의 강의가 성에 차지 않는다고 그 분야에 대한 학문적 관심까지 버릴 필요는 없다. 하지만 경제사 영역의 지존이라고 인정받는 학자의 입장을 감히 넘어서거나 비켜설 엄두를 내지 못했다. 그리고 얼마 후에는 비전공 원로 교수가 영혼 없이 가르치던 '경제사상사'(당시 강의명은 '경제학설사')에 대한 관심까지 접으면서 경제학이라는 학문과 나의 실제적 인연은 완전히 끝나버렸다. 그 학기 이후 나는 오랫동안 다른 학과를 두리번거리는 등 캠퍼스 안팎을 떠돌며 방황했다.

1980년대 초부터 형성되기 시작된 '식민지 근대화론'

1980년대 초까지만 해도 존경받는 진보적 학자였던 안병직 교수가 친일, 친이승만, 친박정희로 요약되는 '뉴라이트'의 대부가 되었다는 소식을 접한 건 2000년대에 들어서였다. 당연히 그가 왜 그렇게 급회전했는지 궁금했다. 그리고 한편으로 내가 그의 강의를 듣던 1982년에도 그런 극우적 시각이 강의 내용 속에 들어 있었던 건 아닌지, 내가 그의 강의에 실망한 게 바로 그 때문이었던 건 아닌지 강한 의심이 들었다. 자신의 수제자이자 뉴라이트의 또다른 상징인 이영훈 교수와의 대담집,《대한민국, 역사의 기로에 서다》에서 그는 이렇게 말한다.

> 1984년이었던 것으로 기억되는데《역사평론》(일본 역사 전문잡지)에 실린 나카무라 사토루의 '중진 자본주의론'을 보게 되었습니다. (중략) 당시 한국경제의 동향을 민감하게 관찰하고 있던 나로서는 제3세계에서도 자립적인 자본주의 성립이 가능하다는 나카무라 교수의 주장은 엄청난 충격이 아닐 수 없었습니다.

요컨대 1984년 우리나라도 자본주의 국가가 될 수 있다는 일본 교수의 주장을 접한 이후에 '전향'했다는 것이다. 1984년은 내가 그의 강의를 들은 이후다. 이 책에서만이 아니라 여러 자료와 기록에는 그의 전향 시기를 1980년대 후반, 구체적으로는 일본 동경대 교환교수를 마치고 돌아온 1987년이라고 나와 있다. 그러니 내가 강의실에서 접한 그의 강의 내용에 그의 극우적 견해가 들어 있다고 주장할 만한 근거는 매우 약하다. 하지만 1982년에도 어느 정도는 그 조짐이 있었다는 심증을 버리고 싶지 않았다.

AI에 물어보기로 했다. "전 서울대 교수 안병직이 '식민지 근대화론'을 펼치기 시작한 것은 1980년대 후반이며 1990년대부터 본격적으로 주장한 것으로 알려졌다. 그런데 혹시 1980년대 초반에도 '식민지 근대화론'을 주장했다고 볼 수 있는 근거가 있는가?"라고 물었다. 녀석의 대답은 놀라웠다.

엄밀히 말해 '식민지 근대화론'이라는 명칭과 체계는 1980년대 후반에 등장하지만, 그 이론적·자료적 기반은 안병직을 중심으로 1980년대 초반부터 형성되었다고 볼 수 있습니다. 1980년대 초반에도 '식민지 시기 조선의 경제구조에 대한 실증적 재해석'이 이뤄졌는데, 이는 후일 '식민지 근대화론'의 전신前身이라 할 수 있습니다.

녀석은 그 근거로 안 교수가 1980년대 초부터 이미 조선 후기 사회의 내재적 발전론을 비판했다는 점, 일제시대의 토지조사사업이나 식산은행 등의 경제 효과에 상대적으로 긍정적인 해석을 내렸다는 점, 조선 경제의 근대화가 일제 수탈만으로 설명될 수 없다는 문제를 제기했다는 점 등을 들었다. 1981년 《경제와 사회》라는 학술지에 실린 〈한국자본주의의 발전과정과 특질〉이라는 논문 등을 그 근거로 삼았다.

녀석의 분석이 맞다면, 1982년 한국 경제사 강좌가 열린 강의실에서 나는 안 교수의 '식민지 근대화론'과 관련된 주장을 들었다는 것이고, 그에 실망해서 경제사를 향한 관심을 접었다는 얘기가 된다. 그런데 이 녀석이 때론 둘러대기도 하고 거짓 정보를 전하는 등 완전히 믿지 못할 구석이 있으니 최종 결론은 유보하기로 하자.

사적 유물론에서 벗어나지 못한 뉴라이트

뉴라이트가 보는 한국 근현대사는 한마디로 자본주의화의 역사다. 단 하나의 기준으로 역사를 재단하니 일제 통치도 고마운 일이고 이승만과 박정희의 독재도 자랑스러운 것이다.
— 김기협, 《뉴라이트 비판》 중에서

역사를 자본주의라는 기준으로만 바라본다는 건, 이를테

면 어떤 학생을 수학 점수 하나로만 평가하겠다는 것처럼 무리하기 짝이 없는 발상이다. 수학 말고도 국어나 영어도 있고, 사회나 음악도 있다. 시험 성적 말고도 문장력, 창의력, 소통 능력, 봉사활동, 미술이나 음악 등 예술에 대한 이해력도 있다. 더 크게는 타인에 대한 배려심, 공적 책임에 대한 사명감이나 민족정신도 있다. 한 학생에 대한 평가는 이 모든 요소를 종합해야 정확히 내릴 수 있다. 자본주의라는 하나의 기준으로 역사를 재단하는 편협한 사고방식이 어째서 학계를 넘어 정계와 관계에까지 영향을 미치고 있는지 이해할 수 없다.

> 우리가 1987년 낙성대연구소에 모였을 때 이제부터는 이론이 아니라 실증이라고 말했던 기억이 납니다. 사회변혁이 아니라 경제사 연구가 목적이고, 그런 목적에 충실하려면 이론보다는 실증이라는 뜻이지요. 그 점이 나의 전향이라면 전향의 진정한 뜻입니다. - 안병직·이영훈 대담,《대한민국, 역사의 기로에 서다》중에서

안 교수가 스스로 말하는 전향의 핵심은 이론에서 실증으로 옮겨갔다는 것이다. 여기서 이론은 마르크스주의를 말한다. 하지만 내가 보기에 그는 마르크스주의의 근간인 사적 유물론에서 크게 벗어나지 못했다. 사적 유물론이란 역사적 발전이 물질적 조건에 의해 결정된다는 관점의 이론이다. 교조적인(또는 속류) 마르크스주의자들은 물질적 조건(다른 말로 경제적 기반)은

하부구조로서 정치적, 법적, 문화적 상부구조에 영향을 미친다는 도식을 신봉한다. 이런 사고방식은 워낙 생뚱맞아서 훗날 마르크스조차도 자신은 마르크스주의자가 아니라고 했을 정도였다. 안 교수는 마르크스주의를 버린 것이 아니라 오히려 실증을 통해 마르크스주의를 강화했다고 봐야 하지 않을까.

1944년 조선의 마지막 총독의 기분 나쁜 저주

일본 우익이나 토왜土倭들의 역사 왜곡 사태가 벌어질 때마다 어김없이 떠오르는 말이 있다. 1944년 조선의 마지막 총독으로, 일본의 전 수상 아베 신조의 증조부로 잘못 알려지기도 한 아베 노부유키의 기분 나쁜 저주가 바로 그것이다. 그자는 패망 후 우리 땅을 떠나면서 이렇게 말했다고 한다. "우리 일본은 조선인에게 총과 대포보다 식민교육을 심어놓았다. 조선은 문명을 회복하지 못하고 서로 이간질하며 싸우는 노예적 삶을 극복하지 못할 것이다. 나 아베는 반드시 돌아온다."

그가 실제로 이렇게 말했는지는 분명하지 않다. 하지만 이유가 어떻든 '서로 이간질하며 싸우는 노예적 삶'을 살고 있다는 비판에서 우리는 결코 자유롭지 못하다. 그가 그때 심어놓은 식민교육 때문이든, 아니면 그 후 일본 우익 자금의 유입 때문이든 우리는 80년 전에 끝냈어야 할 역사 논쟁에서 조금도 나아가지 못하고 있다. 그리고 나도 40여 년 전 강의실에서 느꼈던, 누군가가 역사를 비틀고 있는데도 어떤 저항도 하지 못한다는 무력감에서 여전히 헤어나지 못하고 있다.

    1982년의 '한국 근대경제사' 강의실은 적어도 두 사람의 진로를 바꿔놓았다. 한 사람에게 그 강의실은 기회의 장소로, 진보적 학자에서 친일, 친이승만, 친박정희라는 극우의 길로 변침하는 계기가 되었다. 그리고 또다른 한 사람에게 그 강의실은 위기의 장소로, 그동안 믿어오거나 믿고 싶었던 가치들을 혼돈과 회의의 바닷속으로 내던진 계기가 되었다.

4장

담배의 의미는 어디로 사라졌을까?

사물의 기억록

담배의 의미는 어디로 사라졌을까?

정호승의 시 〈서울의 예수〉에는 예수가 담배를 피우는 장면이 등장한다. "고통 속에 넘치는 평화, 눈물 속에 그리운 자유는 있었을까. 서울의 빵과 사랑과, 서울의 빵과 눈물을 생각하며 예수가 홀로 담배를 피운다." 유신정권 말기인 1979년에 발표된 이 시에서, 시인은 예수를 통해 억압된 현실의 고통과 절망을 표현하고 있다. 그에게 담배는 자유와 평화를 갈구하는 지식인의 사유와 고뇌를 의미한다.

J. D. 샐린저의 《호밀밭의 파수꾼》(1951년)에서 주인공 홀든 콜필드는 끊임없이 담배를 피우며 기성세대의 위선을 조롱하고 자신의 독립성을 강조한다. "나는 창문을 열고 담배를 피웠다. 학교에서는 금지된 것이었지만, 신경 쓰지 않았다. 아무도 신경 쓰지 않았다." 그의 흡연은 어른이 되려는 시도이면서 동

시에 기성세대에 대한 반항이기도 했다. 여기서 담배는 이처럼 성장과 반항의 의미로 등장한다.

1920년대 파리를 배경으로 한 영화 〈미드나잇 인 파리〉(2011년)에서는 헤밍웨이, 피츠제럴드, 거트루드 스타인, 달리, 피카소 등 예술가들이 담배 연기 속에서 문학과 예술을 논하는 장면이 자주 등장한다. 이 영화에서 담배는 그 시대의 분위기를 재현하는 중요한 요소이자 예술가들의 자유와 창의성을 의미하는 소품으로 활용된다.

반면, 영화 〈택시 드라이버〉(1976년)에서는 담배가 뉴욕의 도덕적 타락과 부패한 분위기를 강조하는 장치로 사용된다. 베트남전에서 돌아온 주인공 트래비스는 담배를 문 채 거리를 배회하는 마약상, 포주, 창녀, 깡패들을 보며 중얼거린다. "온 도시가 썩었어. 쓰레기들이 넘쳐나." 여기서 담배는 부패와 타락의 의미로 표현된다.

'담배 의미의 일극체제'에
저항할 자신이 없어 금연하다

담배는 '의미'였다. 단순한 상품이나 기호품을 넘어 시대와 문화 속에서 다양한 의미를 지닌 존재였다는 뜻이다. 담배는 소년에서 어른으로 넘어가는 통과의례이기도 했고, 사유와 여유의 동반자이기도 했다. 때로는 교류와 소통의 매개체가 되었고, 때로는 고독과 번민의 벗으로 함께했다. 애연가들은 각자의 시

공간에서 이런 의미를 누리며 담배를 즐겼다. 그러나 언제부터인가 담배는 질병, 퇴폐, 미개, 불량과 같은 부정적 이미지로만 소비되기 시작했다. 이제 담배는 오로지 반문명적 상징으로만 남았다. 이를 '담배 의미의 일극체제'라고 부를 수 있을 것이다.

미디어가 담배의 부정적 의미를 지속적으로 강조하는 가운데, 결국 나도 담배를 끊었다. 열아홉 살 재수생 시절에 배운 이후 사십여 년간 희로애락의 순간을 함께했던 담배를 미련 없이 떠나보냈다. 지난 세월에 두어 번 시도했으나 결국 실패한 금연을 이번만큼은 성공시킬 수 있을 듯하다. 단순히 건강상의 이유가 아니다. '담배 의미의 일극체제'에 저항할 자신이 없기 때문이다.

우리나라에서 담배는 오랫동안 민초들의 삶과 함께했다. 개화기에 조선을 방문한 한 독일인은 "대한제국의 남자들이 얼마나 골초인가 하면, 그들이 평생 피운 담배 연기만으로도 베를린 국립보건소 인원 전체를 쓰러뜨릴 만하다. 그런데도 조선 남자들은 모두 건강해 보인다"라며 놀라워했다. 하지만 우리나라 성인 남성 흡연율은 1980년 79.3%로 정점을 찍은 다음 2023년 32.4%로 급격히 감소했다.

대표 애연가였던 시인 오상순(1894~1963년)은 하루에 200개비의 담배를 준비했다고 한다. 140개비는 자신이 피우고, 60개비는 주변 사람들에게 나누어 주기 위해서였다. 그의 호 '공초空超'가 실은 '꽁초'에서 비롯되었다는 사실도 잘 알려져 있다.

1950~1960년대 담배 가게.

그는 〈나와 시와 담배〉라는 시에서 이렇게 읊었다. "나와 시와 담배는/이음동곡異音同曲의 삼위일체/나와 내 시혼은/곤곤히 샘솟는 연기/끝없는 곡선의 선율을 타고/영원히 푸른 하늘 품속으로/각각 물들어 스며든다." 담배에 대한 깊은 애정을 담은 구절이다.

2004년 11월 18일, 한국문인협회 소설분과는 "원고료 인하 등으로 문인들이 경제적 어려움을 겪고 있는 상황에서 '창작 아이디어의 유일한 벗'인 담배 가격마저 인상하는 것은 매우 유감스럽다"라는 성명서를 발표했다. 이에 따라 소설가와 비흡연 문인들이 함께 '담뱃값 인상 반대 문인 집회'를 열기도 했다. 문인들에게 담배는 창작의 영감을 주는 존재였던 것이다.

그러나 한국금연운동협의회는 이에 즉각 반박했다. 담배는 녹내장과 노인성 황반변성을 유발해 시력을 저하시킨다, 글 쓰는 사람은 장시간 앉아 있어 운동량이 적은데 흡연까지 한다면 동맥경화증과 순환기 질환에 걸릴 위험이 크다, 흡연자는 40대 이후 기억력 감퇴 속도가 빠르고, 담배 속 일산화탄소로 인해 오히려 정신 집중이 방해된다는 등의 이유를 들었다. 흡연하는 작가의 글이 담배를 미화할 가능성이 있다고 지적하며 금연을 촉구하기도 했다. 문인 단체는 담배를 인문학적 기호로 보았지만, 금연 단체는 이를 과학적으로만 진단한 것이다. 창작의 열정에 과학적 논리가 찬물을 들이부은 격이라고 할까.

"담배를 끊는 심정은 강제로 이혼당하는 기분"

담배는 과연 문인들의 바람처럼 '창작 아이디어의 벗'일까, 아니면 금연 단체의 주장처럼 만병의 근원일까. 선택의 문제일 수 있겠지만, 분명한 것은 이 논쟁 이후 담배에 대한 사회적 해석이 급격히 후자 쪽으로 기울었다는 점이다. 오랜 시간 우아하고 고고한 위치를 지켜온 담배의 의미는 이제 독극물 수준으로 격하되었다. 그것이 객관적 진실일 수도 있다. 하지만 그와 함께 우리가 담배에 부여했던 다양한 의미와 가치 역시 하루아침에 사라져 버렸다.

미술사학자 유홍준은 "고별연: 마지막 담배를 피우며"라는 글에서 담배를 끊는 심정을 이렇게 토로했다. "내 인생의 벗이 되어주었던 것에 깊이 감사하며 강제로 이혼당한 기분이 든다. 나는 고별연 연기를 뿜으면서 사무치는 아쉬움 속에 이별을 고했다. 잘 가라, 담배여. 그동안 고마웠다, 나의 연차煙茶여."

나의 헌책
처분기

포연이 허공을 떠돌던 1950년대, 끼니를 걱정하면서도 사람들은 책을 찾아 읽었다. 소설가 황석영은 2008년 공중파방송의 한 예능 프로그램에 출연해 "학창 시절 학과 공부에는 소홀했지만 책은 정말 많이 읽었다. 전쟁터에도 책장수가 있었고 어머니는 항상 나를 위해 책을 사다 주셨다. 어린 시절부터 지켜온 작가의 꿈을 그렇게 이뤘다"라고 회상했다. 엄마가 사준 책을 읽다가 작가의 꿈을 지니게 되었는지, 아니면 작가가 되려는 아들에게 어머니가 책을 사주었는지는 분명치 않지만, 어쨌든 어린 시절의 알찬 독서가 작가로 대성하는 바탕이 되었음은 분명해 보인다.

나는 어린 시절 책이 무척 고팠다. 집에는 겉장이 바랜 동화책 몇 권과 한국단편문학선집 같은 문학책들 그리고 아버지가 즐겨 읽는 다섯 권짜리 '박종화 삼국지' 정도가 고작이었다. 가난한 시절 지방 소도시의 유일한 공립도서관은 책을 빌려보는 곳이 아니라 중고교생들이 공부하는 장소였다. 내가 다니던 초등학교에는 아무리 기억해도 도서관 같은 곳이 없었던 듯하다. 친구 집에서 '계몽사 소년소녀 세계문학전집' 중 몇 권을 빌려 볼 수 있어서 탈진 상태에서는 벗어났던 것 같다.

어린 시절 책에 대한 허기는 내 돈으로 책을 비교적 자유롭게 살 수 있게 된 다음에 과도한 책탐冊食으로 이어졌다. 책탐이란 식탐食貪을 응용해 만들어진 조어다. 음식에 대한 욕심이 식탐이듯, 책에 대한 욕심이 책탐이다. 좋은 책이라면 당장 읽지 않아도 일단 사놓아야 한다는 근거 없는 욕심에, 책은 반드시 사서 읽어야 한다는 이상한 고집이 합쳐져 나만의 책탐이 생긴 듯하다. 그래서 비좁은 전셋집에 살면서도 늘 책이 넘쳐났는데, 문제는 읽은 책보다 읽지 않은 책이 더 많았다는 것이다.

하기야 한강 작가도 만만치 않은 책탐의 소유자인 듯하다. 노벨문학상 수상 직후 참석한 어느 시상식 연설에서 "따라잡을 수 없을 만큼 쏟아져 나오는 좋은 책들을 놓치지 않고 읽으려고 시도하지만, 읽은 책들만큼이나 아직 못 읽은 책들이 꽂혀 있는 저의 책장을 좋아합니다"라고 말했다.

책탐 탓에 주기적으로 발생한 헌책 처분

'지식의 보물창고'인 책이 처치 곤란한 폐기물로 전락할 때가 있다. 책 유입량의 증가로 서가가 비좁아지는 등 보관할 장소가 마땅치 않을 때다. 그땐 어쩔 수 없이 소장가치가 떨어지는 순서로 책의 일부를 처분해야 한다. 처분된 책들은 제 팔자에 따라 다양한 운명을 맞는다. 헌책방의 한 자리를 차지하기도 하지만 폐휴지가 되어 소각장으로 끌려갈 수도 있다. 어느 애서가의 손에서 애지중지 사랑받기도 하지만 사지가 갈갈이 찢겨 구천을 떠돌 수도 있다.

애초의 원인은 앞에서 말한 것처럼 나의 오랜 책탐에 있었다. 문제의 그 책탐 탓에 사들인 책을 주기적으로 처분해야 했다. 늘어나는 책으로 서가가 수시로 비좁아졌으니 처분의 요건도 주기적으로 생겨났다. 지난 세월을 돌이켜보면 2~3년에 한 번씩, 한 번에 대개 50권 이상 처분했던 것 같다. 그 때문에 아내에게 자주 핀잔을 들었다. 아내는 나와 달리 책 한 권을 사도 신중히 따져가며 사고, 그렇게 산 다음에는 처음부터 끝까지 꼼꼼히 읽는 스타일이다.

그런데 몇 년 전부터 나의 책 처분 행사는 새로운 국면을 맞았다. 세 가지 이유가 있다. 첫째는 내 책탐의 본질에 대한 깨달음이다. 곧 언제부터인가 나의 책탐이라는 것이 책을 소유하는 순간 책의 내용까지 소유할 수 있다는, 주술이나 물신숭배의 일종임을 깨닫게 되었다. 뒤늦게 그 미몽에서 깨어났으니, 그동안 내 미개한 신앙의 제물이 되어온 책들에게 용서를 구할 따름이다. 둘째는 우연히 시작한 공공도서관 이용의 맛에 푹 빠졌기 때문이다. 내 작업실이 있는 서울 소재 한 자치구의 경우 공공 도서관은 간이 도서관까지 합하면 스무 군데가 넘으며, '상호대차 서비스'나 '책 단비 서비스' 같은 편리한 서비스로 대출과 반납이 매우 쉽고 편리하다. 지역 내 도서관들이 내가 보고 싶은 책은 거의 다 소장하고 있는 데다가, 보려는 책이 없을 때는 희망 도서를 신청하면 비치해 놓는다. 우리나라 공공서비스가 선진국에 비해 많이 뒤처졌다고만 생각했는데, 지역 공공도서관 시스템을 안 다음부터는 생각이 많이 바뀌었다. 셋째는 근년에 넓은 집으로 이사한 덕에 책 보관 공간이 넉넉히 확보되었다는 점이다.

이렇게 세 가지 이유로 앞으로 책 처분 행사의 주기가 길게 늘어날 가능성이 커졌다. 아, 맞다. 공공도서관을 본격적으로 이용한 데는 가벼워진 내 주머니 사정이 단단히 한몫하고 있다는 사실을 실토해야겠다.

처분 기준은 문화적 의미의
보존, 공익성, 편의성, 환금성

그런데 얼마 전 80권 정도의 책을 처분할 일이 생겼다. 비좁은 작업실의 서가를 단출하게 정리하면서 처분 요인이 발생한 것이다. 나는 우선 책 처분을 위한 네 가지 기준을 세웠다. 첫째는 문화적 의미의 보존. 단순한 폐휴지가 아니라 문화콘텐츠라는 본연의 임무를 계속 수행해야 한다는 것. 둘째는 공익성.

책이 고팠던 시절의 기억은 과도한 책탐으로 이어졌다.

그 책들이 원하는 사람들에게 제공되어 공동체의 지식 가치를 높여야 한다는 것. 셋째는 편의성. 처분하는 과정이 편리해야 한다는 것. 넷째는 환금성. 될 수 있으면 돈이나 다른 책으로 바꿀 수 있어야 한다는 것. 여기서 첫째, 둘째, 셋째는 필수사항이고 넷째는 선택사항이다. 이 기준 아래 그리고 발행한 지 3년 미만의 책만 받는 공공도서관 기증을 배제한 상태에서, 내게 떠오른 처분 방법은 네 가지였다.

첫째는 한 인터넷서점의 중고 매장에 파는 방법이다. 이전에 두 번인가 사용했던 방법인데, 실은 그리 내키지 않았다. 서점 측의 구입 기준이 워낙 까다로운 탓에 가져간 책의 절반도 팔지 못한 기억이 있다. 그나마 받은 돈도 운반비용(기름값+주차비+운반 인건비)이나 건졌을까 싶을 만큼 헐값이었다. 내키지 않았던 더 큰 이유는 팔지 못한 책을 되가져올 때 기분이 몹시 씁쓸했다는 점이다. 입양하려던 자기 아이가 입양을 거부당하고 집으로 다시 돌아왔을 때의 당혹감이 이와 비슷하지 않을까. 그래서 이 방법은 내 선에서 초장에 탈락했다.

둘째로 검토한 처분 방법은 한 사회적 기업에 기부하는 것이었다. 이 또한 이전에 두어 번 사용한 방법으로, 그때 그 기업은 인터넷서점 중고 매장과는 달리 모든 책을 받아주었고 기부의 만족감도 느끼게 해주었으며 기부금 영수증까지 발급해 주었다. 하지만 지난 몇 년간 운영방식이 달라졌을지도 몰라 가까운 지점에 전화를 걸어 접수 조건을 문의했다. 아니나 다를까,

우리나라의 대표 사회적 기업이라는 곳의 접수 기준이 영리 기업인 인터넷서점보다 더 까다로웠다. "저희는 책이 조금이라도 훼손되었거나 티끌 하나만 있어도 안 받아요. 저희 매장에서 판매할 수 있어야 하거든요." 이런 안내를 받고는 매우 당혹스러웠다. 듣고 보니 헌책이 아니라 새 책을 원하는 거였다. "기부를 받는 쪽의 콧대가 그렇게 높아도 되나요? 그게 새 책이지 헌책인가요? 앞으로 그곳과 거래할 일은 없겠네요." 나는 이렇게 말하고 전화를 끊으며, 귀족노조라는 말을 빗대 귀족 사회적 기업이라는 말을 떠올렸다. 귀족노조가 노조 활동의 근본 이유를 잊어버렸듯, 그 기업은 왜 헌책을 기부받는지 잊어버린 듯했다. 몇 년 전 설립자의 사망 이후 창업 정신이 훼손되었을지도 모른다는 생각이 들었다.

셋째는 폐기물 수거업체에 맡기는 방법이다. 이런 업체는 헌책의 경우 구매 가능 도서와 수거 가능 도서를 구분한 다음, 구매할 수 있는 책에 대해서는 비용을 지급하고 수거하며, 수거만 할 수 있는 도서에 대해서는 비용을 지급하지 않는다. 물론 구매와 수거가 모두 불가능한 책에 대한 거래는 아예 발생하지 않는다. 나는 검색을 통해 한 수거업체에 문의했고 처분할 책들의 사진을 보내달라고 해서 보냈더니 구매는 물론 수거도 불가능하다는 답신을 받았다. 사진만 봐도 보관상태가 양호한 내 책들을 수거하지 못한다면, 그 업체에서는 도대체 어떤 책을 구매하거나 수거하는지 궁금해졌다.

잘 가라, 한때 나의 열정을 받아주던 벗들이여

마지막으로 한 가지 방법이 남았다. 이 역시 이전에 몇 번 사용한 방법으로, 내가 사는 아파트 관리인에게 넘겨주는 방법이다. 그 관리인은 관리소 옆에 헌책 버리는 함을 따로 두고 관리해 왔다. 이들을 수거해 푼돈 챙기는 통로를 아는 듯했다. 책을 네 덩어리로 묶은 다음 수거함에 넣으려는데, 마침 관리인이 나와 있었다. 나는 이전처럼 "아저씨, 이 책들 내놓을게요" 하고 말했다. 이전에는 그렇게 말하면 반갑게 맞아주었던 관리인이 이번에는 마뜩하지 않은 듯한 표정으로 아무 대꾸도 없이 책들을 받았다. 귀찮다는 건지, 이제는 도움이 안 된다는 건지 알 수 없으나, 헌책의 가치가 떨어졌음을 감지하기에는 충분했다.

앞에서 헌책을 처분하는 네 가지 조건으로 문화적 의미의 보존·공익성·편의성·환금성을 들었다. 안타깝게도 이 가운데 확실하게 지켜진 것은 편의성 하나뿐인 셈이다. 어쩌면 다음 처분 시점이 오면 그조차 기대하기 어려울지 모른다. "견고한 모든 것은 대기 속에 녹아버리고, 신성한 모든 것은 저속한 것이 된다." 약 150년 전 카를 마르크스가 한 이 말의 의미를 여러 가지로 곱씹어 본다.

어쨌든 그렇게 해서 처분 방식을 못 찾아 전전하던 내 80여 권 책은 우여곡절 끝에 내 품을 무사히 빠져나갔다. 잘 가라, 한때 나의 열정을 받아주던 벗들이여. 좋은 임자를 만나 이 세상을 더 풍요롭게 하기를.

학위논문과
뒤틀린 욕망의 카르텔

　　김건희 씨의 논문 표절 논란을 지켜보며 문득, 논문 지도 및 심사와 관련된 내 경험을 정리해 보고 싶어졌다. 나는 서울 소재 모 대학의 특수대학원에서 15학기 동안 겸임교수로 근무하면서, 학위논문에 관한 갖가지 사례를 직간접적으로 보고 들었다. 겸임교수는 대개 강의만 전담하지만, 논문을 심사하기도 하고 공동지도라는 제도를 통해 논문을 지도하기도 한다. 당시 나는 몇몇 학생의 논문 지도교수로 이름을 올린 적이 있다. 물론 나는 특수대학원의 긍정적 역할에 대한 믿음을 가지고 강의를 했으며, 드물게 찾아오는 논문 지도나 심사 과정에서도 나름 성실하게 임하려고 노력했다.

　　하지만 지금 생각해 보면 나도 결국에는 부실한 논문을 양산하는 카르텔에서 나사못 역할을 한 것 같아 낯이 뜨거워지곤

한다. 그 카르텔을 '뒤틀린 욕망의 카르텔'이라 부를 수 있겠다. 그 카르텔에는 돈벌이에 혈안이 된 대학(재단) 측의 욕망, 학문보다 실적에 연연하는 교수의 욕망, 학벌과 신분의 세탁을 원하는 학생의 욕망 등 세 개의 욕망이 속해 있다. 그런 카르텔이 가능한 배경에는 사람을 실력보다 가방끈으로 재단하는 우리 사회의 잘못된 가치관이 있을 것이다. 이제 내가 겪은 두 가지 에피소드를 통해 그 비겁하고 쪼잔한 욕망을 들여다보자.

논문의 질보다 학생의 양산을
중시하는 특수대학원

첫 번째 에피소드. 어떤 겸임교수 한 분이 불미스러운 일로 학기 중에 갑자기 학교를 떠나게 되었다. 이에 따라 그가 논문을 지도하던 학생들을 다른 교수들이 나눠 맡아야 할 상황이 벌어졌다. 어느 날, 학과장이 내게 전화해서는 "분배해야 할 학생이 10여 명인데(겸임교수 한 명이 한 학기에 10여 명의 논문을 지도한다는 것 자체가 말이 안 된다) 몇 명을 보내드릴까요?"라고 티끌만큼의 거리낌이나 주저함 없이 물었다. 이에 나는 논문을 지도하려면 내 강의를 들은 학생이어야 하고, 논문 주제가 내 전공이나 전문성과 부합해야 한다는 게 기본 전제인데, 그 학생 중에는 내 수업을 들은 학생도 없지만 내 전공이나 전문성에 부합하는 주제로 논문을 쓰는 학생도 없으니 맡기 어렵다고 했다. 그러자 학과장은 이럴 때 학과를 위해 협조해 주어야 하며, 맡지 않겠다는 건 무책임한 행위라며 불만을 표시했다. 나는 겸임 교수일 뿐 본업은 따로 있으며 현재 맡은 세 명도 벅찬 상태다, 만약 지도할 학생을 더 맡으라면 겸임교수직을 포기하겠다고 답했다. 학과장은 못마땅한 목소리를 뒤로하고 전화를 끊었다.

그가 논문 지도 학생을 맡기려 하면서 왜 그토록 당당하게, 마치 선물이라도 준다는 듯이 말했는지를 어렴풋하게나마 깨달은 것은 한참이 지나서였다. 이는 필시 '거마비'로 표현되는 돈과 관련되어 있을 것 같았다. 하지만 논문 지도 학생 수가 많아지면, 더욱이 논문 주제가 전문성이 없는 분야라면, 어쩔 수 없이 부실한 논문으로 이어질 가능성이 커진다. 이 사건은 논문의 질보다는 졸업생(한편으로는 입학생)의 양산을 더 중시하는 특수대학원의 실태를 잘 보여주는 사례로 내 기억 속에 남아 있다.

두 번째 에피소드. 내가 심사위원 5인 중 1인으로 참여한 박사논문 심사장에서 벌어진 일이다. 그날 논문을 심사받을 한 학생이 논문 가제본을 심사위원들에게 돌렸는데, 문제는 가제본만이 아니라 그 밑에 봉투를 밀착시켜 함께 돌렸다는 점이다. 봉투를 슬쩍 열어보니 적지 않은 현금이 들어 있었다. 낯이 뜨거워진 상태에서 다른 심사위원들을 둘러보았더니 다들 아무 일 아니라는 듯이 봉투를 안주머니에 넣고 있었다. 나는 그날 그 심사장에서 몇 가지를 지적하며 그럭저럭 심사를 끝냈다. 하지만 집으로 돌아오면서, 왜 그 자리에서 봉투를 내팽개치며 퇴장하는 정도는 아니더라도 바로 돌려주지 못했을까 하고 후회

했다. 생각할수록 부끄러운 기억이다.

그로부터 일주일쯤 지난 어느 날, 학생이 수정한 논문을 들고 내 사무실을 방문했다. 나는 내가 지적한 부분을 수정했는지 검토했지만 몇 가지가 수정되지 않았다는 걸 발견하고는 재차 수정을 요구했다. 그러자 학생은 (이유가 뭔지 기억나지 않지만) 수정하기 어렵다고 당당하게 대답했다. 나는 그렇다면 서명할 수 없다고 응답했다. 그제야 그는 수정해서 다시 방문하겠다고 말하고는 돌아갔다. 그가 처음에 심사위원의 정당한 수정 요구를 당당하게 거부할 수 있었던 이유는 과연 무엇이었을까. 봉투의 효과를 과신한 탓이 아니었다고 말할 수 있을까.

부실한 논문 지도 및 심사에 둔감해진 교수들

그 일이 있은 다음부터 나는 논문 지도 및 심사와 관련해 학교에서 공식적으로 지급하는 수당 이외에는 어떤 추가 혜택도 받지 않겠다고 다짐했고 실천했다. 그랬더니 그 이후 뜻밖의 일들이 벌어졌다. 학기가 지날수록 나에게 오던 논문 지도와 심사 의뢰가 점점 줄어들더니 마침내 사라진 것이다. 그리고 얼마 뒤 당시 대학원장으로부터 다음 해 재계약이 어렵다는 통보를 받았다. 논문 장사 문제만이 아니라 갈수록 실용화되고 친기업화되고 있는 대학 환경에 대한 반감 때문에 회의하던 차에, 울고 싶을 때 뺨 맞는다는 심정으로 그 통보를 흔쾌히 받아들였다. 물론 나의 봉투 거부와 학교 측의 재계약 거부 사이의 상관

관계에 대해서는 물증은 없고 심증만 있을 뿐이다.

앞에서 말한 것처럼, 김건희 씨의 학위논문이 검증의 도마 위에 올랐다. 박사논문의 경우, 논문을 수여한 K대는 스스로 판 자기 무덤에서 헤어나지 못하고 있다는 느낌이 든다. 이 논문이 부실한 논문인 건 인정하지만, 그렇다고 논문 취소 등 강경 처분을 내리면 그동안 양산한 부실 논문은 어찌할 것인가. 벌 한 마리 잡으려다 벌통 전체를 들쑤시는 건 아닐까. 이 논문의 통과에 관여한 해당 대학원 소속 교수들이 아마도 이런 고민 끝에 내린 보신용 판단을 연구윤리위원회가 받아들여, 한때 검증 시효가 지나 조사하지 않는다는 해괴한 결론을 내리기까지 했다. 그러다가 여론에 밀려 마지못해 조사에 들어갔지만 결국 표절이 아니라는, 눈 가리고 아웅식 결과를 발표하기에 이르렀다.

뒤늦게 문제가 된 석사논문의 경우에도 크게 다르지 않을 것 같다. 얽히고설킨 이권의 카르텔 속에서 논문을 수여한 S여대가 과연 공정한 판관이 될 수 있을까?

어디 K대와 S여대뿐이겠는가. 앞에서 말한 두 가지 에피소드는 내가 그 대학에서 직접 경험한 일들 가운데 일부일 뿐이다. 간접적으로 들은 일들과 물증은 없으나 심증은 있는 일들까지 포함하면 대학의 부정·부실한 논문 문제가 대단히 심각하다는 게 당시의 내 판단이었다. 특히 여러 특수대학원에서 부실 논문과 편법수업으로 학위 장사를 하고 있다는 정보가 여러 경로로 내 안테나에 잡혔다. 문장력이나 문해력의 기초가 약한 학생들이 상대적으로 더 많은 미술·디자인 계열 특수대학원의 경우에는 더 심각한 듯했다. 미술·디자인 계열 교수 중에는 논문을 지도하거나 심사할 능력이 안 되는 사람도 많다. 통계 조사 의뢰를 이유로 버젓이 대필이 이뤄지는 일은 이젠 공공연한 비밀도 아니고 상식에 속한다. 뒤틀린 욕망의 카르텔의 한 축인 교수들은 논문 지도와 심사를 부실하고 부정하게 진행하는 데 대해 도덕적으로 갈수록 둔감해지고 있다.

그렇다고 석사든 박사든 학위논문 전체를 깎아내리려서는 안 된다. 문제가 되는 극소수를 제외한 대다수 학위논문은 공정한 심사와 평가를 통해 공동체의 발전에 이바지해 왔으며 앞으로도 그럴 것이다. 학위 그 자체보다 거기에 바쳐진 학문적 열정과 거기에 담긴 공동선의 가치 그리고 그로부터 발생할 공동체에 대한 희망이 소중한 것이다. 우리에게 필요한 것은 이에 대한 밝은 눈이다.

후기

2025년 6월 23일 S여대는 김건희 씨의 석사논문을 취소했고, K대는 7월 21일 박사논문을 취소했다. K대가 박사논문을 취소한 사유는 석사학위 취소에 따른 입학 자격요건 미충족이며, 논문 자체는 문제가 없다는 결론을 내렸다고 한다.

연탄, 내 몸으로 느낀 최초의 근대

　농촌에 살 때 연료는 나무 장작이었다. 아버지는 그 재래식 연료를 마련하기 위해 노동력을 만만치 않게 투입해야 했고, 어머니는 불을 지펴 방을 덥히거나 끼니를 챙기기 위해 하루에도 몇 번씩 매운 연기에 얼굴을 찡그려야 했다. 그러다가 이웃 소도시로 이사한 다음 날, 연료는 하루아침에 연탄으로 바뀌었다. 연탄이 제공했던 편리함과 따뜻함은 실로 놀라웠다. 말 한마디로 주문만 하면 언제든 창고까지 배달되었고, 약간의 수고만 치르면 훨훨 타올라 방을 데우고 음식을 익혔다. 경제적 부담이 어느 정도였는지 헤아리진 못했으나, 연탄이 부모님을 고된 노동으로부터 해방시켜 줄 것처럼 보였다. 호롱불에서 백열등으로의 교체와 함께 나무장작에서 연탄으로의 교체는, 50여 년 전 내 몸이 처음으로 '근대'라는 새로운 문명을 느낀 사건이었다.

1980년대 후반부터 보일러에 밀려난 연탄

"여보! 아버님 댁에 보일러 놓아드려야겠어요"라는 카피로 유명한 보일러 광고가 있다. 1990년대 초 방영되어 공전의 히트를 기록한 광고다. 30년이 지난 지금도 다른 광고나 예능 프로그램 같은 데서 가끔 패러디할 정도로 아직도 많은 사람의 기억 속에 강하게 남아 있다. 칼바람이 부는 한겨울, 도시에 사는 아들 부부가 연탄이라는 재래식 난방 방식으로 불편하게 사는 농촌의 노부모를 떠올리며, 최신식 보일러를 설치해 주겠다는 뜻을 전하는 내용으로 구성되어 있다. 광고 그 자체로도 성공했지만, 보일러 시장을 전국으로 확산해 선점하려는 마케팅 전략을 성공적으로 수행한 광고로도 평가된다.

무릇 수천 년 동안 인류의 몸을 덥히고 음식을 익혀주었던 나무 장작이 연탄으로 교체된 것은, 우리나라의 경우 대략 한국전쟁이 끝난 다음인 1950년대 후반부터라고 한다. 1960년대에는 도시 지역을 중심으로 연탄이 보편화되면서 난방 및 취사에 필수 연료가 되었다. 하지만 연탄은 30년 정도 전성기를 누리다가 1980년대 후반 무렵부터 기름이나 가스보일러에 가정용 연료의 안방자리를 내주었다. 앞의 보일러 광고는 그 교체기를 상징하는 사건이었다. 물론 연탄은 지금도 여전히 어디선가 애용되고 있다.

문제는 연탄재였다. "현재 우리나라에선 연탄재 처리를 위해 '매립' 외엔 별다른 활용책이 없다. 매립지 용량이 찰수록 후

속 대책이 없어 관련 대책이 요구된다. (중략) 연탄재는 영양분이 없어 땅에 묻어도 골치였다. 기술이 발전하면서 개발 공사·슬러지 처리에도 연탄재를 대체할 새 자원들이 쓰였다. 그때부터 연탄재는 '매립' 외엔 별 쓰임새가 없어졌다."(《경기일보》 2024년 12월 26일자 〈연탄재 수도권만 5천 600t … 태울 수도 없는 '골칫거리'〉라는 제하의 기사). 이 기사처럼 연탄은 연탄재라는 폐기물이 되면서, 필요와 편리의 아이콘에서 혐오와 기피의 대상으로 변했다. 골목이나 크고 작은 길 주변에 쌓여서 미관과 위생에 좋지 않은 영향을 주기 때문이다.

연탄, 희생과 사랑의 상징으로 거듭나다

"연탄재 함부로 발로 차지 마라/너는 누구에게 한 번이라도/뜨거운 사람이었느냐"라는 시구를 모르는 사람이 얼마나 될까? 안도현의 시 〈너에게 묻는다〉에 나오는 절창이다. 연탄의 의미도 새롭게 해석되었다. 〈연탄 한 장〉이라는 시에서 시인은 이렇게 노래한다. "삶이란/나 아닌 그 누구에게/기꺼이 연탄 한 장 되는 것/ (중략) /온몸으로 사랑하고 나면/한 덩이 재로 쓸쓸하게 남는 게 두려워/여태껏 나는 그 누구에게 연탄 한 장도 되지 못하였네." 이 시구들은 유명한 밈이 되어 다양한 매체를 통해 끊임없이 인용되고 소개되고 거론되었다.

이철환은 《연탄길》에서 이렇게 말한다. "나를 전부라도 태워 님의 시린 손 녹여줄 따스한 사랑이 되고 싶었습니다. 그리

희생과 사랑의 상징이면서도 천덕꾸러기인 연탄재.

움으로 충혈된 눈 파랗게 비비며, 님의 추운 겨울을 지켜드리고 싶었습니다. 그리고 함박눈 펑펑 내리는 날, 님께서 걸어가실 가파른 길 위에 누워, 눈보다 더 하얀 사랑이 되고 싶었습니다."
'우리 이웃들의 가슴 따뜻한 리얼 스토리'를 담은 이 책은 3편까지 발행되며 400만 명이 넘는 독자들의 가슴을 적셨다.

생태·환경적 측면에서는 천덕꾸러기였던 연탄재 그리고 다만 연료로서의 사용 가치로만 주목받았던 연탄은 이로써 문화적 측면에서는 '희생'과 '사랑'이라는 의미를 획득하며 거의 성자의 반열에 오른 셈이다. 하지만 문득 궁금해진다. 내로남불, 남 탓하기, 정적 죽이기…. 나열하기 민망할 정도로 세상은 왜 점점 더 각박해지고 있을까? 안도현의 시구를 가슴에 새기고 이철환이 전하는 이야기에 눈물을 흘린 그 많은 '뜨거운 사람들'과 '하얀 사랑들'은 다 어디 갔을까?

행복은 과연
자전거를 타고 올까?

초등학교 때는 교사와 학생 모두 걸어 다녔다. 다만 미성숙한 학생들의 이동 속도보다 성인이었던 교사의 이동 속도가 당연히 더 빨랐다. 중학교 때도 학생은 여전히 걸어 다녔으나 교사는 대개 자전거를 타고 다녔다. 당연히 교사의 이동 속도가 학생보다 훨씬 빨랐다. 자전거는 도보보다 대략 3~4배 빠른 이동수단이라고 한다. 고등학교에 진학하자 교사는 오토바이를, 학생은 자전거를 타고 다녔다. 오토바이는 자전거보다 대략 두 배 이상 빨랐다. 시내버스가 생활화되지 않았던 지방 소도시에서 1960년대 말부터 1970년대 말까지 내가 겪었던 일이다.

"속도를 말해달라. 당신이 누구인지 가르쳐주겠다."

도보와 자전거와 오토바이 그리고 이후 등장한 자동차, 조금 더 들어가면 대형·중형·소형으로 분류되는 자동차의 등급까지, 아니면 무궁화호·새마을호·KTX까지, 이동 수단에는 엄격하고 가시적인 위계가 있었다. 이동 수단의 위계는 당연히 이동 속도의 위계를 만들었다.

"따르릉 따르릉 비켜나세요. 자전거가 나갑니다, 따르르르릉…" 1930년대 만들어진 이 동요는 당시 매우 귀했던 이동 수단인 자전거의 드높았던 권세를 보여준다. 이 동요의 작사가 목일신 선생(1913~1986년)은 광주학생운동에 참여해 퇴학을 당했을 정도로 항일정신이 투철한 분이었지만, 이동 수단이 지니는 권력적 속성과 이에 따른 속도의 불평등에는 특별한 문제의식을 느끼지 못했던 것 같다.

"당신이 어떤 속도로 움직이는지 말해달라. 그러면 당신이 누구인지 가르쳐 주겠다." 이동 속도가 부와 권력 등 한 사람의 정체성을 고스란히 드러낸다는 뜻이다. 이반 일리치의 《행복은 자전거를 타고 온다》에 나오는 이 말은 "모빌리티Mobility는 권력이다"라는 말과도 통한다. 여기서 모빌리티란 대개 '이동성'으로 번역되는데, 구체적으로는 이동하기 위한 수단이나 그런 수단을 제공하는 서비스 등을 총칭해 사용되는 용어다.

이반 일리치는 1970년대에 나온 이 책에서 수송 수단은 사회적 성공을 나타내는 표식이 되었으며, 새로운 수준의 속도가 생길 때마다 집중화된 권력은 반드시 그것을 정당화하는 자체의 근거를 만들어 낸다고 전제한 다음 "속도가 높아지면 동력은 불가피하게 소수의 좌석 밑에 집중될 수밖에 없다. 그와 함께 대다수 통행자들의 시간 부족은 더욱 심화되며, 뒤에 처졌다는 느낌 역시 가중될 수밖에 없다"라고 단언한다. 이동 수단의 위계로 인한 속도 불평등을 경고한 것이다. 그의 경고는 이후 현실이 되었다.

'모빌리티 정의'는
타인의 이동 역량을 해치지 않는 일

다음 그림에는 폐지로 보이는 짐을 자전거 뒤에 가득 싣고 달리는 중년 남성이 보인다. 이런 자전거를 특별히 '짐자전거'라 부른다. 1970~1980년대만 해도 거리에서 이런 짐자전거를 흔하게 볼 수 있었다.

이반 일리치는 속도의 불평등과 환경문제를 해소하는 수단으로 자전거를 강력하게 추천한다. 자전거는 보행 속도인 시속 5~6킬로미터보다 3~4배 빠른 속도로 이동하면서 에너지는 보행의 5분의 1밖에 쓰지 않는 최고의 이동 수단이라는 점, 인간의 신진대사 에너지를 이동력의 한도에 정확하게 맞춘 이상적인 변환장치라는 점, 화석연료를 쓰는 모든 기계보다 열역학적 효율이 높을 뿐 아니라 다른 동물 모두의 능력보다 이동 능력이 뛰어나다는 점, 자전거 주행에 필요한 공공시설의 건설비가 자동차보다 턱없이 적다는 점 등을 이유로 들었다. 하지만 안타깝게도 그의 제안과 경고는 공허한 메아리로만 울려 퍼진

1970~1980년대 거리에서 흔히 볼 수 있었던 짐자전거.

듯하다.

2007년 제주 올레길이 만들어진 이후 우리나라 전역에 퍼진 걷기 열풍과 '따릉이'로 대표되는 자전거 주행에 대한 공적 지원 등으로, 일리치의 뜻깊은 구상이 어느 정도라도 실현되고 있는 듯해서 다행스럽다.

"산하山河는 본래가 인간이 연주할 수 없는 거대한 악기와도 같은 것인데, 겨울의 섬진강과 노령산맥은 수런거리는 모든 리듬을 땅속 깊이 감추고 있었다. 겨울의 산과 강은 서로 어려워하고 있었고, 자전거는 그 어려워하는 산과 강 사이의 길을 달린다." 김훈의 산문집《자전거 여행》에 나오는 절창이다. 자전거가 아니라면 자연의 속살 같은 그 길을 어찌 찾아갈 수 있었겠는가.

학교 앞이나 내리막길 등에 있는 속도제한 규정은 우리의 생명과 안전을 지켜준다. 마찬가지로 우리의 자유와 평등과 행복을 지키기 위해 모빌리티에도 속도제한 규정을 두어야 한다. 이를 '모빌리티 정의Mobility Justice'라고 부른다. 모빌리티 연구 분야의 대표 학자인 미미 셀러의《모빌리티 정의》에는 모빌리티 정의의 첫째 원칙으로 "각 개인의 모빌리티의 자유는 상호성의 규칙에 따라 제한되어야 한다. 즉 다른 사람의 이동 역량을 짓밟거나 위협하거나 박탈하지 않아야 한다"를 제시하고 있다.

너희가
전화를 믿느냐?

장면1 – 우리 집에는 전화가 없었지만 우리 가족이 '안집'이라고 불렀던 그 적산가옥에는 전화가 있었다. 우리 가족을 포함한 세입자들은 그 전화를 눈치껏 이용했는데, 특히 당시 열애 중이던 큰 누나가 한때 그 전화의 주된 이용자였다. "○○(내 이름) 누나, 전화 왔어" 대개 안집의 아주머니가 우리 집 쪽으로 그렇게 큰 소리로 외치면 누나는 반가움과 부끄러움이 뒤섞인 얼굴로 달려가서 짧은 통화를 마치고는 밝은 얼굴로 돌아왔다. 그리고 서둘러 외출을 준비하곤 했다.

장면2 – 재수를 하고 원래 희망하는 대학보다 한 단계 낮춰 지망했는데도 본고사를 망쳤다. 삼수까지 하고 싶지는 않아 2차 대학을 알아보고 있던 차에 합격자 발표일을 맞았다. 당시에는 방송국에서 전화로 합격자를 알려주었다. 돌아올 답이 불 보듯 뻔해 미적거리다가 해가 중천에 떠오른 다음에야 전화 다이얼을 돌렸다. "지망 학과와 수험번호를 말씀해주세요" "○○학과 ○○○번요." "○○○씨 맞아요?" "네." "축하합니다. 합격입니다." 나는 너무 놀라 고맙다는 인사도 못하고 수화기를 내려놓았다.

내 삶 속에서 가장 인상적으로 남아 있는 전화와 관련한 두 장면이다. 스마트폰을 손에서 놓을 틈이 없는 요즘처럼은 아니더라도, 근대 이후 전화는 그렇게 많은 사람의 삶에 깊숙이 들어와 수시로 관여하곤 했다.

정장으로 큰절을 네 번 하고
무릎을 꿇고 전화를 받다

기록상 우리나라 최초의 전화 개통은 1896년 10월 2일 궁중(덕수궁)과 인천 사이에 이뤄졌다고 한다. 처음에는 텔레폰이라는 말을 발음 그대로 옮겨서 '덕률풍德律風'이라고도 했고, 뜻으로 풀어서 '전어기傳語機'라고도 불렀다. 전화라는 이름은 나중에 붙여졌다. 당시 일반인들은 "하늘의 전기바람은 비구름을 말리고 땅의 덕률풍은 땅 위의 물을 말린다"라며 전기와 전화를 싸잡아 경원시했을 만큼 두려움과 증오의 대상이었다.

당시 전화를 거는 예절은 대단히 까다로웠다고 한다. 수화기를 들기 전에 상투를 단정히 고쳐 세우고 두 손을 맞잡아 머리 위에 쳐드는 읍揖을 하고서야 손잡이를 돌렸다. 상대방이 나오면 자신의 직함, 품계, 본관, 성명을 순서대로 말하고 상대부서의 판서, 참판, 참의의 안부를 물은 다음 전화받는 당사자의 부모 안부까지 묻고서 안건을 말했다고 한다. 만약 임금이 사는 궁내부에서 전화가 오면 절차는 더 복잡해진다. 편한 복장으로 있었더라도 관복과 관모와 관대로 정장을 하고 전화를 향해 큰절을 네 번 한 뒤 무릎을 꿇고 나서 엎드린 채 수화기를 대했다고 한다. 이때 전화기는 기계가 아니라 인간의 분신이었다.

1960년대에는 전화 구입비용이 집값의 약 3분의 1이나 되었을 만큼 고가였다. 〈조선일보〉 1970년 6월 28일자에는 "전화를 사치품으로 착각하지 말라"는 제목의 사설이 실렸다. 그런데 이 글은 오히려 당시 전화가 얼마나 귀한 물건인지를 방증하는 자료다. "그러나 선진국의 보유 대수에 비하면 우리의 그것은 아직 요원한 상태에 있다. 미국의 인구 대비 50퍼센트는 말할 필요가 없지만 영국(22퍼센트), 독일(18퍼센트), 프랑스(14퍼센트)에 비해 봐도 우리의 전화보유율(서울 4.5퍼센트, 전국 1.8퍼센트)은 까마득한 것이다." 전화기 보유 대수가 미국인은 100명 중 50명이라면, 한국인은 100명 중 2명도 안 되었으니 두 말할 것도 없이 사치품이었다.

우리나라가 본격적인 1가구 1전화 시대에 접어든 것은 전국 전화시설이 1000만 회선을 돌파한 1987년 9월 30일 이후였다. 6월항쟁으로 형식적으로나마 문민시대가 열린 시점과 일치한다는 점에서 전화와 민주주의와의 묘한 동질감이 느껴진다.

부와 권력의 상징에서 사랑과 공감의 메신저로

 "오늘처럼 따사로운 아침엔/너의 목소리 들려오는 전화기에 대고/사랑해, 사랑해, 사랑해, 얘기하고 싶어." 가수 이상은은 1989년 발표한 〈사랑해, 사랑해〉라는 노래에서 전화가 감미롭게 사랑을 속삭이는 도구가 될 수 있다는 것을 알려주었다.

 "큰 성! 큰 성, 생각나? 빨간 다리… 빨간색 철교. 우리 어렸을 때 빨간 다리 밑으로 물고기 잡으러 많이 다녔었잖아. 내가 저 언젠가 초록색 나는 물고기 잡는다고 그러다가 쓰레빠 잃어버려가지구, 큰 성이랑 형들이랑은 하루 종일 놀지도 못하고 쓰레빠 찾으러 다녔었잖아. (중략) (울먹이며) 큰 성, 그때 생각나? 그때 생각나?" 1997년 개봉된 이창동 감독의 영화 〈초록물고기〉에서 주인공 막둥이(한석규 분)는 죽기 직전에 전화기에 대고 이렇게 자신의 잃어버린 순수한 꿈을 슬프게 전한다.

 전화는 일제강점기 수탈과 착취의 도구이기도 했고, 권위주의 정권 시절에는 부와 권력의 상징이기도 했다. 하지만 민주화 시대에는 이렇듯 사랑과 공감의 메신저로도 중요한 역할을 한 것이다.

 1990년대 후반부터 휴대전화가 대중화되고, 스마트폰이 일상이 된 지금, 많은 사람은 거의 24시간 전화기를 손에서 놓지 않고 살아간다. 강준만 교수는 《전화의 역사》에서 휴대전화가 신흥종교가 되었다면서 그 이유로 ①고독으로부터의 탈출 욕구 ②스트레스로부터의 탈출 욕구 ③공사公私 구분 없는 '뫼

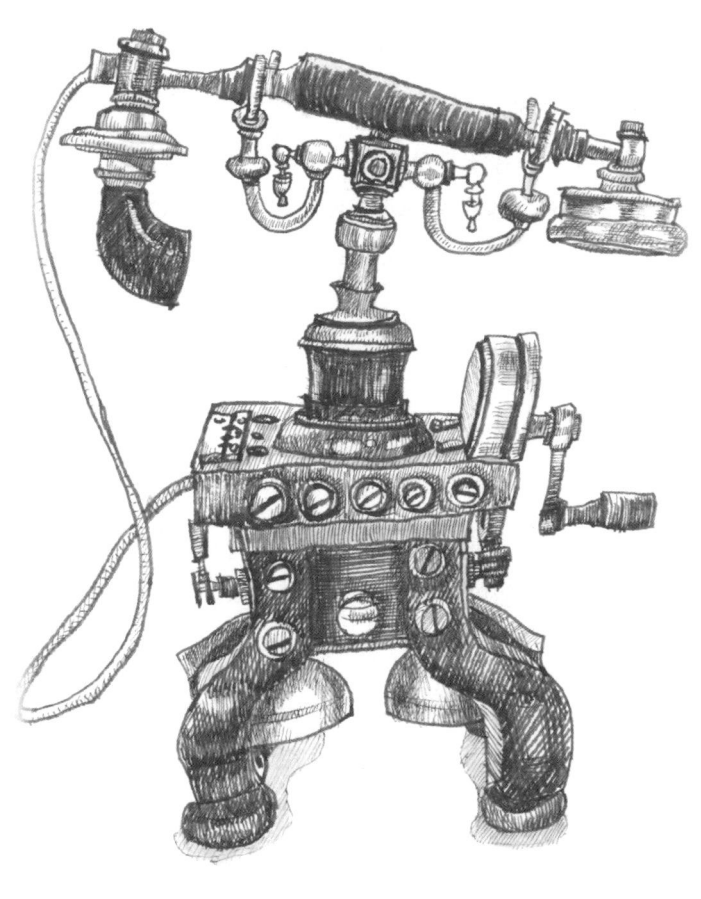

1930년대 서구의 부유층이 사용했던 에릭슨 전화기.

비우스 효과' ④인맥 사회에서의 생존술 ⑤초강력 1극 구조 사회에 대한 저항 ⑥타인의 인정을 바라는 구별짓기 문화 ⑦휴대 전화 산업의 정치·경제학 등 일곱 가지를 들었다. 이중 ⑤와 ⑦에 대해서는 약간의 보충 설명이 필요할 듯하다. '초강력 1극 체제'란 중심이 존재하고 상하 위계가 분명한 사회 구조를 뜻하는데, 전화는 무수한 1대 1의 관계를 만들어 주는 평등한 미디어로 선호되고 있다고 강 교수는 설명한다. 또 휴대전화는 우리나라의 대표 수출품목으로 이를테면 강력한 '국뽕'이 작용했다고 해석한다.

하지만 종교는 맹신하면 독이 되지만 신실한 믿음으로 다가가면 삶에 희망을 준다. 휴대전화가 어느 쪽일지는 우리의 마음가짐에 달려 있다.

"달이 떴다고 전화를 주시다니요."
"세상에/강변에 달빛이 곱다고/전화를 다 주시다니요/흐르는 물 어디쯤 눈부시게 부서지는 소리/문득 들려옵니다." 김용택 시인의 〈달이 떴다고 전화를 주시다니요〉 중 한 구절이다. 물이 부서지는 소리까지 들렸다니 그 전화는 필시 휴대전화였을 것이다. 누군가 시인에게 달이 떴다고 전화를 한 이유는 고독이나 스트레스로부터 탈출하기 위해서도, 공사를 구분 못한 까닭도, 인맥을 쌓으려고 수를 쓰기 위해서도, 시인의 인정을 바라서도, 국뽕이 작동해서도 아니었을 것이다. 앞에서 소개한 이상은이나 막둥이(한석규)처럼 감정의 고양이나 과잉 없이, 달빛처럼 고요하고 그윽하게, 순수한 꿈과 사랑을 전하고 나누기 위해서였을 것이다. 휴대전화가 신흥종교라 치더라도 그렇게 얼마든지 긍정적인 의미의 신흥종교가 될 수 있지 않을까.

참고문헌

강준만,《전화의 역사》, 인물과사상사, 2009.
권은,《경성 모더니즘: 식민지 도시 경성과 박태원 문학》, 일조각, 2018.
게오르크 루카치(김경식 옮김),《소설의 이론》, 문예출판사, 2014.
공지영,《봉순이 언니》, 해냄, 2017.
김광규,《희미한 옛사랑의 그림자》, 민음사, 1995.
김기협,《뉴라이트 비판: 나라를 망치는 사이비들에 관한 18가지 이야기》, 돌베개, 2024.
김누리,《경쟁교육은 야만이다: 김누리 교수의 대한민국 교육혁명》, 해냄, 2024.
김병희,《광고로 보는 근대문화사》, 살림출판사, 2014.
김사인, '지상의 방 한 칸',《밤에 쓰는 편지》, 문학동네, 2020.
김용택,《달이 떴다고 전화를 주시다니요》, 마음산책, 2021.
김용택,《섬진강》, 창비, 1999.
김찬호,《베이비부머가 노년이 되었습니다: 삶의 리셋 버튼을 누르는 마흔 단어》, 날, 2024.
김창남 엮음,《김민기》, 한울, 2004.
김호연,《유전의 정치학, 우생학: 강제불임에서 나치의 대학살까지》, 단비, 2020.
김훈,《자전거 여행》, 생각의나무, 1994.

나오미 클라인(이은진 옮김), 《슈퍼 브랜드의 불편한 진실》, 살림비즈, 2010.
나희덕, 《시와 물질》, 문학동네, 2025.
노명우, 《계몽의 변증법: 야만으로 후퇴하는 현대》, 살림, 2005.
다치바나 다카시(이정환 옮김), 《도쿄대생은 바보가 되었는가》, 청어람미디어, 2002.
데이비드 프레인(장상미 옮김), 《일하지 않을 용기: 일해야 산다는 강요에 맞서는 사람들》, 끌리는책, 2025.
로렌조 피오라몬티(김현우 옮김), 《GDP의 정치학: 우리의 삶을 지배하는 절대 숫자》, 후마니타스, 2016.
류시화 엮음, 《나는 왜 너가 아니고 나인가: 인디언 연설문집》, 더숲, 2017.
류시화 엮음, 《사랑하라, 한 번도 상처받지 않은 것처럼》, 오래된미래, 2005.
리처드 도킨스(홍영남 외 옮김), 《이기적 유전자》, 을유문화사, 2023.
마광수, 《왜 나는 순수한 민주주의에 몰두하지 못할까》, 민족과문학사, 1991.
마이클 샌델(이경식 옮김), 《당신이 모르는 민주주의: 자본주의와 자유주의의 불편한 공존》, 와이즈베리, 2023.
마이클 샌델(안기순 옮김), 《돈으로 살 수 없는 것들: 무엇이 가치를 결정하는가》, 와이즈베리, 2012.
마이클 샌델(김명철 옮김), 《정의란 무엇인가》, 와이즈베리, 2014.
미미 셸러(최영식 옮김), 《모빌리티 정의: 왜 이동의 정치학인가?》, 앨피, 2019.
바네사 R. 슈와르츠(노명우 옮김), 《구경꾼의 탄생: 세기말 파리, 시각문화의 폭발》, 마티, 2006.
박노자, 《우승열패의 신화: 사회진화론과 한국민족주의 담론의 역사》, 한겨레신문사, 2005.
박영한, 《지상의 방 한 칸》, 책세상, 2008.
박태원 외, 《소설가 구보씨의 일일》, 소전서가, 2023.
박혜진 외, 《구멍가게 이야기》, 책과함께, 2021.
발터 벤야민(조형준 옮김), 《일방통행로》, 새물결, 2007.
배인경, 《은하계 환승터미널 구멍가게》, 해피북스투유, 2024.
버트런드 러셀(송은경 옮김), 《게으름에 대한 찬양》, 사회평론, 2005.
세르주 라투슈(정기헌 옮김), 《낭비사회를 넘어서: 계획적 진부화라는 광기에 관한 보고서》, 민음사, 2014.

수전 블랙모어(김명남 옮김),《밈: 문화를 창조하는 새로운 복제자》, 바다출판사, 2010.
스튜어트 유엔(최현철 옮김),《광고와 소비대중문화》, 나남, 1998.
신경림,《농무》, 창비, 2000.
아도르노·호르크하이머(김유동 옮김),《계몽의 변증법》, 문학과지성사, 2003.
안도현,《외롭고 높고 쓸쓸한》, 문학동네, 2011.
안병직 외,《대한민국, 역사의 기로에 서다: 안병직·이영훈 대담》, 기파랑, 2007.
알베르 소불(양영란 옮김),《프랑스 대혁명》, 두레, 2016.
알베르 소불(최갑수 옮김),《프랑스 혁명사》, 교양인, 2018.
엄광용, "용과 신물도 반한 절세미인, 수로부인",〈월간조선〉 2019년 7월호.
엄창호,《광고는 덫이다》, 두리, 1998.
엄창호,《우리를 배반한 근대》, 여문책, 2023.
오규원,《가끔은 주목받는 生이고 싶다》, 문학과지성사, 1987.
오찬호,《우리는 차별에 찬성합니다: 괴물이 된 이십대의 자화상》, 개마고원, 2013.
올리비에로 토스카니(김현아 옮김),《베네통 광고 이야기》, 산호, 1996.
왕사오광(김갑수 옮김),《민주사강: 중국 경제성장의 길목에서 민주주의를 묻다》, 에버리치홀딩스, 2010.
우석훈, "구중궁궐 밀실 행정, 촛불 정부도 바뀐 게 없다",〈오마이뉴스〉 2019년 12월 25일자.
우석훈 외,《88만원 세대》, 레디앙, 2007.
유성호, "떠돌이의 삶에 대한 운명적 긍정과 수용",〈문장웹진〉 2005년 6월호.
유하,《바람 부는 날이면 압구정동에 가야 한다》, 문학과지성사, 1991.
유홍준,〈고별연: 마지막 담배를 피우며〉,《나의 인생만사 답사기》, 창비, 2024.
윤여일,《모든 현재의 시작, 1990년대》, 돌베개, 2023.
이문열 외,《우리들의 일그러진 영웅: 1987 이상문학상 작품집》, 문학사상사, 1998.
이반 일리치(신수열 옮김),《행복은 자전거를 타고 온다》, 사월의책, 2018.
이영미,《동백 아가씨는 어디로 갔을까: 대중문화로 보는 박정희 시대》, 인물과사상사, 2017.
이철승,《쌀, 재난, 국가: 한국인은 어떻게 불평등해졌는가》, 문학과지성사,

2021.

임희정 외,《웰빙 마케팅: 1200조 시장을 선점하라》, 다산북스, 2004.

저스틴 루이스(엄창호 옮김),《소비자본주의를 넘어서: 뉴스와 광고는 상상력을 어떻게 제약하는가》, 커뮤니케이션북스, 2016.

정호승,《서울의 예수》, 민음사, 1995.

제롬 데이비드 샐린저(정영목 옮김),《호밀밭의 파수꾼》, 민음사, 2023.

조동일,《한국 소설의 이론》, 지식산업사, 2004.

조선희,《상식의 재구성: 한국인이라는, 이 신나고 괴로운 신분》, 한빛비즈, 2021.

존 피스크(강태완 옮김),《커뮤니케이션학이란 무엇인가》, 커뮤니케이션북스, 2001.

주명철,《1789: 평등을 잉태한 자유의 원년》, 여문책, 2015.

찰스 디킨스(성은애 옮김),《두 도시 이야기》, 창비, 2014.

클로드 레비스트로스(안정남 옮김),《야생의 사고》, 한길사, 1996.

피터 플레밍(박영준 옮김),《호모 이코노미쿠스의 죽음》, 한스미디어, 2018.

한병철(김태환 옮김),《피로사회》, 문학과지성사, 2012.

히가시노 게이고(양윤옥 옮김),《나미야 잡화점의 기적》, 현대문학, 2022.

베이비부머, 네 겹의 시간을 걷다

1판 1쇄 펴냄 2025년 11월 25일

지은이 엄창호
펴낸이 천경호
종이 페이퍼링크
제작 (주)아트인
펴낸곳 루아크
출판등록 2015년 11월 10일 제2021-000135호
주소 10881 경기도 파주시 회동길 480, 아트팩토리 NJF B동 233호
전화 031.998.6872
팩스 031.5171.3557
이메일 ruachbook@daum.net

ISBN 979-11-94391-29-6 03300

이 책의 내용을 이용하려면 반드시 저작권자와 루아크의
동의를 받아야 합니다.